성공을 부르는
사소한 습관

성공을 부르는

사소한 습관

요시카와 나미 지음 ㅣ 장운갑 편역

경성라인

contents

2장 · 돈을 배로 불려주는 우주의 법칙
돈은 당신의 풍요로운 라이프스타일을 사랑한다

3장 · 금전적 위기를 벗어나기 위한 감정 조절법
돈은 당신의 감정변화에 민감하게 반응한다

4장 · 평생 재복을 누리기 위한 부자의 수칙
돈은 긍정적 이야기와 배포가 큰 사람을 좋아한다

제2부
운이 좋아지는 방법

1장 · 얼굴과 몸에서부터 운 좋은 사람이 되는 방법
당신이 변하면 운도 즉시 효과를 낸다

2장 · 패션, 상품, 인테리어로 운이 좋은 사람이 된다
몸에 걸치는 것, 옆에 놓아두는 것으로 행운을 불러들인다

3장 · 좋은 환경에서 좋은 운이 나온다
지금 있는 장소를 깨끗하게 하여 항상 좋은 기운을 받아들인다

제3부
성공하는 방법

1장 · 감성지수를 높이는 방법
성공하는 사람의 특징

3장 · '성공 마인드'를 기르는 방법
달성시키고자 하는 마음 자세가 모든 것을 돌파하고 이루어 나간다

4장 · '셀프케어'를 충실하게 하는 방법
치료하고 감싸고, 감싸 안는 것은 다음에 더욱 행운을 가져다준다

5장 · '행운의 힘'을 붙잡는 방법
어떠한 일이라도 긍정적으로 생각하는 습관이 행복지수를 UP시킨다

들어가며

 이 책을 읽는 독자라면 분명 가고 싶은 장소나 이루고 싶은 꿈, 성취하고 싶은 일이 있을 것이다. 그리고 그것을 얻기 위해 노력하거나 더욱 잘할 수 있는 방법을 찾아보고 있을 것이다. 보다 성공한 인생을 손에 넣기 위해서 말이다.

 이 책은 많은 이야기를 장황하게 늘어놓으며 독자 여러분에게 무언가를 강요하거나 명령하지 않는다. 대신 당신 안에 잠재되어 있는 동기와 기대, 자신감과 확신, 밝은 비전을 더욱 향상시키고자 하는 것이다.

 부자가 되거나 성공한다는 것은 어려운 이론이나 기술이 아니다. 중요한 것은 실제의 당신이 기꺼이, 그리고 자발적으로 그 일에 몰두하는 것이다. 그래서 이 책을 읽으며 '이걸로 됐다!' 며 자신이 하고 있는 일에 대해 납득하면 되는 것이다. 또 이로 인해 확신을 얻고 더욱 자신감을 가지고 꿈을 향해 돌진해나가면 된다.

혹은 '앗, 이런 거였나!' 하며 무언가를 깨닫고 거기서부터 개선해 나가거나 다시 바로잡아가는 것도 바람직하다.

또 '뭐?! 이런 식으로 생각한 적은 없었는데!' 하며 지금까지 자신에게 없었던 요소를 발견하고 그것을 힌트로 새로운 것을 만들어낼 수 있었으면 좋겠다. 그것이 성공의 근원이 되어줄 것이다.

이 책은 총 3부로 나누어 소제를 달아 독자들이 한눈에 알아볼 수 있도록 하였다.

제1부는 '부자가 되는 방법'으로 부자가 되고 싶다면 먼저 부자의 마음을 갖고 부자의 마음을 알게 된 후 원하는 부를 생각보다 빨리 실현할 수 있음을 강조하였다. 바로 원하는 일을 즐기면서 하라는 것이다.

제2부에서는 '운이 좋아지는 방법'으로 셀프 파워로 운이 좋은 사람이 될 수 있음을 설명하고 자기 자신을 높일수록 커다란 운이 다가온다고 강조하였다.

제3부는 '성공하는 방법'으로 결심하는 순간 성공은 약속되어 있으며 큰 뜻을 품은 자만이 좋은 결과를 손에 넣을 수 있음을 강조하였다.

독자 여러분은 처음부터 읽지 않고 각 부나 장의 어느 한 곳을 펼쳐도 좋다. 그중에서 마음을 확 사로잡은 것이 있다면, 그것이 바로 당신에게 부와 성공을 안겨줄 가장 중요한 것임을 잊어서는 안 된다. 당신의 의욕을 이끌어내며 쉽게 성공으로 이끌어줄 것이다.

변화의 좋은 징조는 어느 때든지 아주 사소한 문장 하나를 계기로 마음과 현실이 크게 바뀌는 것이다.

지금 당신에게 필요한 것은 위대해지고자 하는 무리한 법칙이나 기술이 아니다. 당신이 본래 가지고 있는 능력을 최대한 끌어내고 그것을 발휘할 수 있는 솔직한 감동이다. 그리고 그 능력은 당신에게 충격을 준 것이 무엇인지를 보면 알 수 있다. 분명 이 책 안에 있을 그 능력을 꼭 손에 넣길 바란다.

참고로 본문에서는 당신과 저자가 한마음 한뜻이 되기 위한 마음으로 '당신'이라는 표현을 썼고 존칭 또한 생략했다. 이해하기 바란다.

제1부

부자가 되는

방법

1장

돈을
불려주는
생활습관

돈은 원하는 만큼 굴러 들어온다

빛은
우주의 무한한 보물창고이다

예나 지금이나 금(金)은 사람들의 선망의 대상이다.

또 중국에서는 예로부터 "돈은 금빛을 띠는 것에 몰린다."는 말이 있다. 그 때문인지 중국의 부호들은 앞 다투어 가구와 인테리어 등 장식품에 금을 썼다.

금을 곁에 두면 금기(金氣: 재복을 부르고 번영하게 하는 돈의 기운)가 번성해져, 돈이 몰려온다. 또한 복신(福神), 행운의 여신은 언제나 반짝이는 곳을 찾아온다.

신은 밝고, 명랑하고, 화려한 곳, 그리고 즐겁고, 희망이 가득 찬 빛을 향해 다가온다.

빛은 귀신을 쫓아내고 액을 막아준다. 즉 신의 의지를 방해하는 것을 일거에 물리쳐 버린다.

눈부시게 빛나는 빛은 어떤 상황에서든 당신을 지켜주기 위해 강력한 힘을 발휘한다.

우선 머리와 얼굴에서 윤기가 나도록 자신을 가꾸고 가급적 긍정적인 말을 쓰도록 하자. 또 명랑하게 행동하자. 그런 당신에게서 발산되는 빛이 당신의 삶을 보다 풍요롭게 해줄 것이다.

사람들은 처음 보는 순간 빛을 발산하는 눈부신 사람에게 몰려들기 마련이다. 그 인연이 쌓이고 쌓이면 행운과 금전운을 상승시켜 마침내 성공을 불러온다.

빛은 우주의 무한한 보물창고를 가득 채우는 요소이기 때문이다.

지금부터 금을 사용한 액세서리를 착용하거나 인테리어 소품을 늘려보자. 특히 금 귀걸이는 금전운을 상승시키는 데 아주 탁월한 효과가 있다.

부잣집 사모님들을 보면 대부분 금 귀걸이를 하고 있다.

귀는 얼굴에서 돈을 상징하는 부위이다. 그러니 금 귀걸이를 착용하면 금전운을 상승시키는 기운이 더욱 강력해질 것이다

부자들의 풍요로운 언행

부자들은 자기도 모르게 이런 믿음을 갖고 있다.

'나는 타고나기를 복이 많다.'

'나는 부유한 삶을 누릴 가치가 있다.'

부자들은 절대 자신을 비하하거나 남들과 비교하지 않는다. 물론 빈곤한 의식도 전혀 갖고 있지 않다.

그들은 아주 당연하게 풍요로운 말을 쓰고 행동을 한다. 그것이 결국 그들에게 풍요로운 환경을 가져다주며, 그 결과 돈과 모든 면에서 풍족한 삶을 누릴 수 있게 되는 것이다.

확고한 신념은 언제나 그에 걸맞은 현실을 가져다준다는 점을 잊지 말기 바란다.

또한 가급적이면 긍정적인 말을 쓰도록 하자. 그럼 당신에게 풍요로운 삶이 펼쳐질 것이다.

말은 음(音)이라는 울림이 되어 당신을 감싸고 있는 에너지에

지대한 영향을 미친다.

빈곤한 말을 쓰면 빈곤한 울림이 되어 빈곤한 현상을 낳고, 반대로 풍요로운 말을 쓰면 풍요로운 울림이 풍요로운 현상을 낳는다.

우선 평소에 이런 말을 쓰지 않도록 주의하기 바란다.

"돈이 없어."
"정말 못 해 먹겠다."
"정말 못살겠어."
"월급이 쥐꼬리만 해."
"돈 때문에 너무 힘들어."
"난 왜 이 모양 이 꼴로 살아야 하는 거야?"

그 대신에 이런 말을 쓰도록 하자.

"필요한 돈은 반드시 들어온다."
"괜찮아. 돈 문제는 어떻게든 해결될 거야."
"난 참 복이 많아."
"이만하면 풍족하지."
"돈은 넉넉해."

실제로 소리 내어 말해보면 알겠지만 부정적인 말은 사람을 우울하게 만들고 맥이 빠지게 한다.

반대로 긍정적인 말은 매우 긍정적인 기분이 들게 해 힘을 북돋아준다.

이처럼 말은 눈에 보이지 않는 에너지가 되어 당신을 둘러싼 모든 현상을 빚어낸다.

그러니 부유한 삶을 누리고 싶다면, 우선 풍요로운 말을 쓰도록 하자.

좋은 지갑을 마련하되
지폐는 같은 방향으로 맞춘다

지갑은 돈이 들어가 사는 집이다. 그러니 그 집을 소중히 다뤄 줘야 한다. 그럼 돈이 편안함을 느껴 밖으로 나가려 하지 않고 점점 쌓이게 된다.

'슬슬 좋은 지갑을 살까.'

혹시 이런 생각이 들기 시작했다면 그것은 당신의 금전운이 상승하기 시작했다는 신호이다!

사람은 금전운이 상승하면 돈과 관련된 아주 사소한 일부터 기쁨을 쟁취하기 위한 행동에 나선다.

가능한 지금 갖고 있는 지갑보다 훨씬 좋은 지갑을 구입하자. 그럼 돈은 당신에게 새로운 가치관과 보다 큰돈을 안겨줄 것이다.

아울러 지갑 안에 넣을 지폐를 같은 방향으로 맞추거나 지갑

속을 깨끗하게 청소해야 한다. 그럼 금전운이 순식간에 상승할 것이다.

소위 장사가 잘되는 가게나 부유층이 많이 찾는 명품 매장에 가보면 계산대 안은 물론 거스름돈을 줄 때도 돈을 가지런히 잘 맞춰서 준다. 그럼 보기에도 아주 좋아 받는 이도 기분이 좋아진다.

오늘부터 돈을 같은 방향으로 잘 맞춰보자. 그럼 돈의 기운은 그 깨끗한 상태에서 편안함을 느껴 더욱 활발하게 생성될 것이다. 그렇다면 당신의 지갑 속 금전운도 나날이 상승할 것이다.

지갑 안에 씨돈을 심어두되 그 돈은 절대 손대서는 안 된다

지갑 안에 끝번호가 9인(좋아하는 숫자) 지폐를 씨돈으로 심어두면 돈이 점점 불어난다.

씨돈이란 "절대 쓰지 않고 부적처럼 항상 지갑 속에 넣어두는 돈"을 말한다.

또한 갑자기 들어온 생각지도 않은 돈을 씨돈으로 지갑이나 금고 안에 넣어두는 것도 금전운을 상승시키는 비법 중 하나이다.

지갑 속에 씨돈이 있다면 지갑이 텅 빌 일은 없다. 그럼 '내 수중에 돈이 있다.'는 생각에 마음이 편안해질 것이다. 마음이 편안해지면 금전사정도 전반적으로 평화로워진다.

이것은 지갑 속에 심어둔 잠재의식이 주는 마법과 같은 힘이다.

그러니 씨돈에는 절대 손을 대지 않도록 하자.

씨돈은 새로운 부, 즉 돈을 부르는 기운을 갖고 있다. 그리고 나에게 돈이 이만큼 있다는 심적 여유를 갖게 해준다.

몸의 기가
잘 순환되도록 해야 한다

몸의 기(氣)가 막힘없이 잘 순환되도록 하기 위해서는 어느 부위가 좋지 않은지 항상 체크해야 한다. 그리고 불편한 부위를 편안하게 해주면 막힘없이 기가 잘 돌게 된다.

몸의 기는 돈이 들어오고 나가는 기운과 반응한다.

어깨가 결리고 피로가 쌓인 것 같다면 지금 하고 있는 일이나 원치 않는 잡일을 줄여야 한다. 너무 힘에 부치는 일을 하다 보면 어깨가 짓누르듯 아플 것이다. 그것은 빨리 짐을 내려달라는 신호이다.

감당하지 못할 일을 잔뜩 끌어안고 있으면 돈을 만드는 기운이 점차 달아날 수 있기 때문이다.

또 목이나 머리에 피로를 느낀다면 쓸데없는 교제나 지출이 늘어났다는 증거이다. 그러니 지갑을 꼭 닫아 돈 쓸 일을 되도록 피하는 것이 좋다.

다리나 허리가 피곤하다면 별 보람 없는 일이나 원치 않는 일을 많이 하고 있다는 신호이다. 이런 상태로는 충분히 떠올릴 수 있는 참신한 아이디어도 잘 떠오르지 않기 때문에 결국 벌 수 있는 돈도 놓치게 된다.

자기 몸 중 어느 부위가 다른 곳보다 뻐근하고 아프다고 느꼈을 때에는 가급적 심신을 편히 쉬게 하는 것이 좋다. 그리고 무리가 생기는 원인을 되도록 피하기 바란다.

몸속이 양질의 기로 가득 차게 되면, 그 기는 당신을 풍요로움으로 인도해줄 것이다.

몸 구석구석 양질의 에너지가 잘 뻗어나가도록 하기 위해서는 신진대사를 촉진시키는 유산소 운동이 가장 효과적이다.

유산소 운동을 할 때에는 우선 등을 꼿꼿이 펴서 발끝부터 에너지가 잘 활성화되도록 해야 한다. 야외를 씩씩하게 걸어 다니는 것만으로도 효과를 톡톡히 볼 수 있다!

이는 에너지라는 것이 원래 발에서 꼬리뼈를 통해 등뼈로 전달된 후, 오른쪽 방향으로 나선을 그리면서 머리끝까지 상승하기 때문이다.

오늘부터 활기차게, 씩씩하게 걸어보자. 그것만으로도 체내에너지가 활성화되어 의욕이 충만해질 것이다. 그리고 그 의욕은 이로운 것을 쉽게 얻을 수 있는 파동을 발생시키니 당신의 인생을 더욱 풍요롭게 해줄 것이다.

저축하는 습관

돈의 액수와는 상관없이 돈이 들어오는 동시에 일정 금액을 저축하는 습관을 들여야 한다. 그러면 통장 속에 돈이 차곡차곡 쌓여갈 것이다.

들어오는 액수가 클 때는 저금을 하지만, 적으면 하지 않는다. 이런 습관으로는 절대 돈을 모을 수 없다.

우선 돈의 액수와는 상관없이 무조건 들어오는 돈의 10%를 저금하자고 마음먹고 실천에 옮겨보자. 그럼 돈을 모으는 습관이 몸에 밸 뿐 아니라, 그와 동시에 통장의 잔고도 자연히 불어날 것이다.

아무리 돈이 많이 들어와도 저축을 게을리 하는 사람은 결코 부자가 될 수 없다.

부자는 쓸 때는 크게 쓰지만 우선 수중에 돈을 모아두는 것을 우선시한다. 즉 돈과 친밀한 관계를 쌓는 것을 매우 중시하는 것이다.

소위 돈이 없다고 푸념하는 사람들을 보면, 대부분 금액의 많고 적음을 따지다 적은 돈이다 싶으면 아예 저축할 생각을 하지 않는다.

비록 적은 돈이라도 좋다. 우선 돈과 친밀한 관계를 쌓도록 하자. 그러다 보면 당신의 돈들이 친구들을 많이 불러들일 것이다.

저축전용 통장과
마음껏 쓸 수 있는 활력소 통장을 만든다

재복이 없다고 한탄하는 사람들을 보면 "한 달에 5만 원, 10
만 원 저금한다고 별 수 있겠어?" 하며 적은 돈을 무시한다. 그
리고 모을 생각을 하지 않는다.

반대로 재복이 있는 사람들은 "우선 이 5만 원, 10만 원부터
저금하자!"라며 적은 돈도 아주 소중히 여긴다.

돈이 없는 사람들은 돈의 액수가 크네, 적네 하며 돈을 비판하
기 일쑤이다.

그것이 재복을 달아나게 하는 행위라는 것을 모르고 말이다.

'티끌 모아 태산이다.'

적은 돈이 쌓이고 쌓여 큰돈이 되는 것을 모르는 사람들은 항
상 과정을 소홀히 한다.

비록 처음은 미약할지라도 과정을 중시하는 사람은 그 과정에
서 큰돈이 들어오게 된다. 그리고 결국 그로 인해 생각보다 빨리

부자가 된다!

일단 돈을 모으기로 결심했다면 우선 저축만 하는 전용통장을 만들기 바란다.

종합계좌로 자주 넣었다 뺐다 하는 통장은 저축을 하기 위해 입금한 돈까지 자동으로 빠져나갈 위험성이 있다.

저축전용 통장을 만든다면 입금한 돈을 확실하게 보호할 수 있으니, 마음 놓고 돈을 모을 수 있다. 또 거기에는 돈이 불어나기만 하는 상승의 '기운'도 더해진다. 즉 당신의 마인드가 갖는 에너지와 습관적으로 형성된 저축의 에너지가 시너지 효과를 내 금전운이 점점 상승하는 것이다.

당신은 차곡차곡 쌓이는 통장 잔고를 보는 것만으로도 부자의 기분을 맛볼 수 있을 것이다.

금전운을 상승시키기 위해서는 무엇보다 돈을 모으는 행위를 즐겨야 한다.

돈의 에너지를 최대한 크고 긍정적인 방향으로 작용하게 해, 실제로 거금을 쥐기 위해서는 '희열'이라는 동기부여가 필요하다.

이는 바꾸어 말하자면 돈에 관한 일을 결코 고역으로 받아들여서는 안 된다는 뜻이다. 단돈 5만 원이라도 돈 버는 행위를 고통스럽게 여긴다면 그 고통은 바로 또 다른 고통을 부르고 결국 몇 배나 되는 손실을 초래하게 된다.

반대로 즐거운 마음으로 돈을 대한다면 돈도 기분 좋게 당신에게 다가올 것이다.

그러니 저축전용 통장에 바라만 봐도 기분이 좋아질 이름을 붙여보는 것은 어떨까?

하지만 돈이란 쓰는 즐거움이 있기 때문에 더욱 열심히 벌고 모으는 기쁨을 느끼는 것이다.

그러니 저축전용 통장 외에 당신이 쓰고 싶을 때 마음껏 쓸 수 있는 '활력소 통장'을 만들기 바란다.

나는 '마음껏 옷을 살 수 있는 패션투자용 통장', '언제든지 해외로 훌쩍 떠날 수 있는 여행자금 통장', '러브 파워를 상승시키기 위한 미용, 패션비용 통장' 등을 만들어 자투리 돈이 생길 때마다 모으고 있다.

내 인생에 빠듯하게 생활할 수 있는 최저 생계비만 있다. 상상만 해도 소름 끼치지 않는가.

우선 적은 돈이라도 좋다. 인생을 즐기기 위해 기분 좋게 쓸 수 있는 돈이 어느 정도 있다면 당신의 인생은 보다 여유로워질 것이다. 그리고 그 여유가 결국 더 큰 풍요로움을 불러올 것이다.

즐겁고 기분 좋은 일에 돈을 써야 한다

돈이 없다고 고민하는 사람에게 가장 두려운 일은 돈을 쓰는 일일 것이다.

왜냐하면 그들은 '소비한다=없어진다'고 생각하기 때문이다.

하지만 부자들의 사고방식은 다르다. 부자들은 '소비한다=더 늘어난다'는 마인드를 갖고 있다.

이는 '돈=에너지'이기 때문에, 이 세상에 돈을 순환시키면 점점 불어나 결국 나에게 돌아오는 성질이 있다는 것을 그들은 아주 잘 알고 있기 때문이다.

부자가 되고 싶다면 지금 당장은 돈이 없더라도 돈을 다룰 때 부정적인 생각을 깨끗이 버려야 한다.

그런데 왜 돈이 없는 사람들은 돈을 쓰면서 죄책감을 느끼고 우울해하는 것일까?

그것은 돈이 없는데도 쓸데없는 교제에 지출을 하거나 원치

않는 일에 돈이 나가기 때문이다. 또 원치 않는 물건을 사는 일이 많기 때문이다.

하지만 아무리 사소한 일이라도 내가 기쁨을 느낄 수 있는 일에 돈을 쓸 수 있다면, 비록 내 지갑에서 돈이 나가더라도 점차 풍요로워지는 것을 느낄 수 있을 것이다.

예를 들어 나를 위해 산 장미 한 송이, 여가시간을 즐겁게 해주는 찻잔 등이 이에 해당될 것이다.

스스로 즐거움을 느낄 수 있는 쇼핑을 하거나 지출을 할 수 있는 사람은 그 즐거운 상황 속에서 돈이 들어온다.

이것이 바로 자석처럼 돈을 끌어당기는 아주 단순하고도 즐거운 금전운 법칙이다.

남의 경사를 축하하거나 감사의 마음을 전하기 위해 작은 선물을 보내는 것, 이것도 금전운을 상승시키는 좋은 방법이다.

당신이 가진 풍요로움을 남과 함께 나누는 것만으로도 당신의 에너지는 더욱 풍요로워질 것이다. 그리고 나눈 것이 배가 되어 돌아온다.

그것은 선물을 받은 이에게서 직접 돌아오는 경우도 있지만, 전혀 상관없는 곳에서 돌아오는 경우도 있다.

우주란 풍요로움을 순환시키기 위해 끊임없이 움직이고 있다. 그렇기 때문에 당신이 호의를 갖고, 또 넉넉한 마음으로 베푼 일에 보답하듯 당신에게 돌려주는 것이다.

큰돈을 쓰면 그와 동시에 큰돈의 순환경로가 만들어진다.

자기가 소비한 것은 언젠가 자신에게 돌아오게 되어 있다. 그러므로 당신이 거금을 쓰는 것은 크게 몰아치는 파도처럼 당신에게 다가올 풍요로움을 생성시키는 것이다.

그러니 가끔 통 크게 쓰는 것도 금전운을 좋게 자극해 운수대통으로 이어지는 지름길이 된다.

넘칠 정도의 돈을 꿈꿔야 한다

잠재의식의 위력으로 부를 축적하는 방법을 전 세계로 전파하고 있는 조셉 머피(Joseph Murphy) 박사는 원하는 돈을 얻을 수 있는 비결에 대해 이렇게 조언했다.

'간신히 먹고 살 수 있는 돈을 원하지 말고, 써도 써도 남을 정도의 액수를 원해라.'

'누구 눈치 볼 것 없이 갖고 싶은 만큼 원해라.'

그 이유는 당신의 잠재의식(당신의 마음속 깊은 곳에 깔린 진심)은 언제나 당신이 강하게 생각하는 것에 반응해 그런 현실을 가져다주기 때문이다.

"돈은 먹고 살 만큼만 있으면 된다."

이런 말을 하는 사람은 얼핏 보기에는 욕심이 없고 관대하게 보일 수 있다. 하지만 그것은 '지금의 힘든 현실'을 애써 정당화시키는 데 불과하다.

그럴듯하게 들릴 수도 있지만, 오히려 우주의 진리를 거스르고 있는 것이다.

우주는 당신이 원하는 것이라면 무엇이든 주고자 지금도 바쁘게 움직이고 있다.

부잣집의 풍요로운 기

기회가 있으면 자기보다 훨씬 잘사는 부잣집에 놀러가 보기 바란다.

부자의 집을 돌아보고, 어떤 집에 살고 있는지 잘 살펴보면 그 사람이 잘사는 이유를 알게 될 것이다.

그 비결을 피부로 느끼고 부자의 파동을 직접 맛볼 수 있기 때문에 풍요로움을 불러들이는 데 아주 제격이다.

좋은 것에 자극을 받은 사람은 자기도 그에 화답하듯 움직이기 시작한다.

본인이 의식하든 안 하든 사람은 좋은 감동과 자극을 받으면 그것이 뇌리에 깊숙이 각인된다. 그리고 자연히 같은 것을 쟁취하려고 한다.

부잣집에 가보면 방마다 청소가 아주 잘되어 있을 것이다. 구석구석이 깨끗해 바람이 잘 통하고 당연히 방의 공기가 가볍고

맑을 것이다.

그리고 눈에 들어오는 모든 것이 아름답고 거추장스러운 것이 별로 없을 것이다.

또 집주인이 소중히 여기는 물건이 있어 그것에서 풍요로운 기가 발산되는 것을 느낄 수 있을 것이다.

그것들은 결국 보는 이에게 풍요로운 기를 느끼게 해준다.

부잣집에서는 답답하고 빈곤하고, 진부한 기운을 느끼기란 힘들 것이다.

2장

돈을
배로 불려주는
우주의 법칙

돈은 당신의 풍요로운 라이프스타일을 사랑한다

운이 좋다고 생각되는 일

아무리 사소한 것이라도 좋으니 '운이 좋다', '복 받았다'고 생각되는 일들을 한번 세어보기 바란다.

그리고 감사하는 마음을 갖자. 그러다 보면 마음이 충만해질 것이며, 그 감정이 더 큰 복을 불러올 것이다.

'이제 충분하다'는 생각을 가지면 당신 안에 있는 부유한 에너지가 활발하게 발생할 것이다. 그리고 그 에너지가 당신을 더욱 풍요로운 길로 인도해줄 것이다.

항상 '이것이 없다', '저것이 없다'며 나에게 없는 것만 생각하는 사람은 '만족'이라는 기분을 맛볼 수 없다. 그러니 언제까지고 풍요로움과는 거리가 먼 인생을 살게 되는 것이다.

'있다', '없다'라는 것은 그 사람이 어느 정도의 양을 갖고 있는가의 실제 상황이 아니라, 그 사람이 사물을 받아들이는 마음가짐에 좌우되는 것이다.

돈을 순환시켜야 한다

돈은 항상 흐르는 유동성을 갖고 있다. 그러므로 결코 한 장소에만 머물러 있지 않다. 하지만 그것은 돈이 갖고 있는 매우 자연스러운 성질이므로, 크게 들어왔을 때 크게 바깥으로 돌리는 순환구조를 만들어 두자. 그러면 나중에 더 큰돈이 들어오게 된다.

재복이 없는 사람은 돈을 바깥으로 돌린다거나 순환시킨다고 하면 '쓴다=없어진다, 바깥으로 돌린다.', '순환시킨다=플러스, 마이너스, 제로'라는 식으로 생각한다. 하지만 우주의 법칙은 그렇지 않다.

우주의 법칙에서는 '쓴다, 바깥으로 돌린다, 순환시킨다'가 곧 '번다, 안으로 들어온다, '배가 되어 풍요로워진다'는 의미를 갖는다.

부는 당신이라는 풍요로운 기를 가진 순환장치를 통과할 때 그 장치 안에 있는 풍요로움과 반응한다. 이때는 부를 넘칠 정도로 발생시키면서 반응하기 때문에, 당신 안에 자연히 부가 쌓이게 된다. 그리고 그 돈이 점점 순환하게 된다.

다 쓰지 못할 정도로 넘치게 돈이 들어올 것이니, 줄어들기는 커녕 쌓이는 재미만 맛보게 될 것이다!

큰 숫자를 좋아하되
원하는 액수를 확실히 정해야 한다

부자가 되고 싶다면 큰 숫자를 좋아하자.

특히 받고 싶은 연봉을 생각할 때도 생각만 해도 '이런 큰돈이 있으면 얼마나 좋을까.' 라며 가슴이 두근거릴 정도로 큰 금액을 꿈꿔야 한다.

원하는 것이 주어지는 것일 뿐인데 지레 겁을 먹고 '그렇게 허황된 꿈을 꿔도 소용없어.' 라며 작은 돈에만 만족해서는 결국 거금을 쥘 수 있는 기회는 당신에게서 점점 멀어질 것이다.

어떤 사람이 말했다.

"저도 억만장자가 되고 싶습니다."

그래서 "부자가 되고 싶으세요?"라고 묻자 그는 1초도 망설이지 않고 "네, 되고 싶습니다."라고 대답했다.

"그럼 우선 얼마가 갖고 싶은지 말해 보세요."

그러자 그는 "우선은 한 천만 원 정도면 좋을 것 같습니다."라고 말하는 것이었다.

이것은 정말 모순이다.

억만장자가 되고 싶다면 처음부터 억 단위의 돈을 목표로 삼아야 하지 않는가!

천만 원은 거쳐 가는 과정이지 목표로 삼아서는 안 된다.

처음부터 억 단위의 돈을 원한 사람만이 억 단위의 돈을 손에 쥘 수 있다. 거금은 원대한 희망에서 나오는 것이다.

이것이 바로 우주의 법칙이다.

돈이 들어왔을 때나
쓸 때의 마음가짐

정말 지지리도 재복이 없다는 사람들을 보면 참 이상하게도 수중에 돈이 들어와도 푸념부터 한다. 왜냐하면 돈이 나갈 걱정 때문이다.

그들은 수중에 돈이 들어온 것을 기뻐하고 감사하기는커녕 이런 걱정들을 한다.

'어차피 ○○로 빠져나가겠지.'

'들어와도 결국 빠져나갈 건데 무슨 소용이야.'

'이 정도 돈으로는 별 도움이 안 돼. 얼마 안 가 또 부족해질 걸.'

예상치도 않은 수입이 생겼다면 재복이 있는 사람들은 당연히 '와, 재수 좋네. 생각지도 않은 돈이 들어왔어.' 라며 기뻐한다. 그런데 재복이 없는 사람들은 '이렇게 공돈이 생기다니 누구한테 사기당하는 거 아냐? 무슨 나쁜 일이 생기는 거 아냐?' 하며 불안에 떤다.

돈이 들어왔을 때에는 순수하게 기뻐하고 그 돈을 소중히 여겨야 한다. 그리고 감사하는 마음을 가지길 바란다. 그것만으로 충분하다. 그럼 돈은 그 후에도 끊임없이 들어올 것이다.

재복이 많은 사람과 그렇지 않은 사람들을 보면 큰 차이점이 있다. 그중 하나가 '돈을 쓸 때의 마음가짐도 다르다.'는 것이다.

부자가 될 소양을 가진 사람들은 아주 기분 좋게 돈을 쓴다. 돈을 써서 원하는 것을 얻는다는 만족감 때문에 지불을 할 때에도 기분이 매우 상쾌하다.

반대로 좀처럼 생활이 펴지 않는 사람들을 보면 아무리 예전부터 갖고 싶었던 것을 겨우 갖게 되어도 돈을 쓰면서 상실감부터 맛본다.

특히 자신을 위해 돈을 쓸 때에는 사치라도 한 것 같은 죄책감에 빠진다.

그것은 돈을 쓰는 행위가 곧 죄악이라는 관념이 머릿속 깊이 박혀 있기 때문이다.

부자가 되고 싶다면 돈을 벌 때나 쓸 때나 항상 기쁜 마음을 가져야 한다.

돈에 대해 부정적인 이미지를 씻어내는 만큼 당신의 금전운이 상승한다는 것을 잊지 말기 바란다.

내면을 풍요롭게 가꾸어야 한다

부자가 되고 싶다면 우선 내면을 풍요롭게 가꾸기를 바란다.

풍요로운 감정을 갖고, 해야 할 일을 자발적으로 하려는 적극적인 자세를 가져야 한다.

그리고 매사에 '나는 풍요로운 삶을 누릴 자격이 있다.' 는 여유로운 마음으로 일과 사람들을 대하여야 한다.

그러면 당신 앞에 풍요로운 인생이 자연스럽게 펼쳐질 것이다.

당장 돈이 필요하거나 하루빨리 부자가 되고 싶은 사람이라면, 이 말을 듣고 '그런 뜬 구름 잡는 소리는 집어치우고 빨리 부자가 되는 구체적인 방법이나 가르쳐 주지!' 라고 생각할 것이다.

하지만 내면이 빈곤한 사람에게 풍요로운 인생이 펼쳐질 수 있을까.

무엇이든 눈에 보이는 성과는 내면을 가꾼 후에 나타나기 마련이다.

이는 예나 지금이나 변함없는 진리이다.

줘도 좋은 상대와 그렇지 않은 상대

당신이 막 부자가 되려는 단계라면 주변에서 그것을 눈치채고 접근하는 사람들이 나타날 것이다.

"요즘 생활이 너무 힘드니 조금만 빌려 달라."

"돈 때문에 급박한 상황이다."

"조금만 변통해주면 안 될까?"

하며 말이다.

하지만 그들의 문제에 지나치게 감정이입을 해서는 안 된다.

돈을 빌려줘도 좋은 상대와 그렇지 않은 상대를 구분하지 못하면 당신은 돈과 명예, 그리고 친구, 이 모든 것을 잃게 될 것이다.

돈 때문에 항상 골머리를 앓고 있는 사람은 누구에게 매달리면 돈이 나올지 알아보는 능력만은 놀랄 만큼 뛰어나다.

게다가 그들은 대부분 당신에게 절대 돈을 빌려주지 않을 아주 치사한 작자들이다.

만약 빌려줘도 좋다고 생각한다면 '이 사람에게는 여러모로 신세를 졌으니까. 보답하는 차원에서 그냥 줘야겠다.'거나 '이 사람은 인간적으로 정말 훌륭한데 지금은 잠시 금전사정이 안 좋을 뿐이야. 그러니 어떻게든 힘이 돼줘야겠어.'라는 마음이 저절로 우러나는 상대에게 빌려줘야 한다. 진심으로 기뻐하며 도움을 줄 수 있는 상대, 손해본다는 생각이 전혀 들지 않는 상대, 가능한 한 힘이 되고 싶은 상대에게만 돈을 빌려주는 것이 현명하다.

돈 귀한 줄 모르고 헤프게 쓰는 사람은 당신이 한순간의 정에 휩쓸려 돈을 빌려줘도 얼마 안 가 다시 찾아올 것이다. 왜냐하면 이런 사람들은 대부분 스스로 돈을 벌려는 노력을 하지 않기 때문이다.

기생충 같은 사람을 멀리 해야 한다

돈을 빌려달라는 사람보다 훨씬 질이 안 좋은 것은 돈 냄새가 나면 바로 달려드는 기생충 같은 사람들이다.

'이런 부탁하기에는 너무 미안한데'라는 생각은 털끝만큼도 없으면서 그저 당신의 호주머니만을 노리는 사람들이다. 이런 사람들은 유흥이나 도박, 낭비 때문에 무일푼이 된 사람들이다. 즉 스스로 노력할 생각을 전혀 하지 않는 부류이다.

그들은 대게 이런 생각을 품고 있다.

'돈만 빌려주면 누구라도 좋다.'

'있는 놈들한테 좀 뜯어내 볼까.'

그러니 이런 낌새를 느꼈다면 망설이지 말고 이렇게 말하자.

"나에게 이 돈은 소중한 돈이고, 지금은 너한테 빌려줄 만한 여유가 없어."라고 말이다.

상대가 기생충과의 인간이라면 분명 당신에게 이렇게 말할 것이다.

"이런 치사한 자식."

"예전에 내가 도와줬잖아. 배은망덕하다는 소리를 듣고 싶지 않으면 돈으로 성의를 보이라고."

분명 이런 협박을 하거나 눈도 꿈쩍하지 않고 폭언을 퍼부을 것이다.

그렇다고 기죽어서는 안 된다.

그가 빌려달라는 돈, 그 돈은 당신이 열심히 일해서 번 돈이니 말이다.

부유한 기분을 만끽해야 한다

기왕 부자가 되겠다고 마음을 먹었다면 많은 것을 받아들일 수 있는 대범한 마음을 가져야 한다.

'많은 것을 얻는다=과욕을 부리는 것' 이라고 생각하는 사람도 있겠지만 결코 그렇지 않다.

많은 것을 얻기 위해서는 우선 당신이 그만큼 통 크게 생각하고, 여러 일을 처리해야 할 필요가 있다. 결국 그에 상응하는 것을 얻어내는 것이니 이것이 정당한 대가가 아니고 무엇이겠는가.

그리고 부유한 기분을 만끽할 수 있는 장소에 가거나 그런 기분을 맛볼 수 있는 것을 보고 접해야 한다. 아울러 부유한 기분을 맛볼 수 있는 물건을 사보자. 그럼 '부유한 것' 이란 어떤 것인지 피부에 와 닿을 것이다.

일류 호텔에서 식사나 숙박을 하거나, 고상한 그림이나 미술

품을 보고, 고가의 보석이나 시계, 명품을 사는 등등 부유한 기분이란 이렇게 직접 누려봐야 느낄 수 있고, 자기 것으로 만들 수 있다.

부유한 것을 누려보는 기쁨, 그것을 꼭 다시 한 번 누려보고 싶다고 느낀 자만이 그 부유한 생활을 자기 것으로 만들 수 있다.

모든 것이 잘될 것이라는
믿음을 가져야 한다

돈이 없다고 불안, 초조해하거나 걱정하는 것은 아무 도움이 되지 않는다. 오히려 당신을 혼란스럽게 해 상황을 더욱 악화시킬 뿐이다.

그럴 때는 일단 침착하게 "괜찮아. 모두 잘될 거야!"라고 외쳐보자.

이 말은 정말 엄청난 위력을 갖고 있다. 어디에선가 돈을 불러오기 때문이다.

"괜찮아. 다 잘될 거야!"

이렇게 힘껏 외쳐보자.

그럼 내 힘이 닿지 않는 곳에 있는 에너지에 지원군이 몰려와 힘을 보태줄 것이다.

그리고 당신은 위기 상황을 순조롭게 벗어나게 될 것이다.

아울러 금전적으로 풍족한 삶을 살기 원한다면 돈다발만 생각하지 말고 그 돈이 이루어줄 당신의 이상적인 삶을 한번 그려보자. 마치 그림을 그리듯 마음속 캔버스에 말이다.

그럼 마음속에 그린 것이 강한 욕구가 되어 당신이 변화를 일으키도록 촉구할 것이다. 그리고 그 감정의 에너지가 당신에게 금전을 가져다줄 사건을 일으킬 것이다.

럭셔리 라이프를 머릿속에 그릴 때에는 상상도 효과적이지만, 더욱 효과적인 방법이 있다. 그것은 부자들이 반드시 집에 하나쯤 갖추고 있을 만한 '럭셔리 라이프의 상징물'을 하나 사서 집에 두는 것이다.

나는 그 부의 상징으로(어디까지나 내 개인적인 생각이지만) 샹들리에와 대리석 테이블, 피아노를 구입했다.

그것도 금전적으로 그리 여유가 없을 때 장만한 것이다.

실은 피아노는 치지도 못한다.

그런데 얼마 안 가 정말 신기한 일이 벌어지기 시작했다.

내 수입이 두 배로 오른 것이다!

정말 분야를 막론하고 돈이 될 만한 일이 마구 들어오기 시작했다.

그리고 얼마 안 가 나는 목표금액을 달성하게 되었다.

최상의 것을 접해야 한다

자수성가한 사람들을 만나면 흔히 이런 말을 한다.

"가급적 최상의 것을 접하세요."

"기왕이면 무엇이든 일류, 좋은 것을 쓰세요."

그렇게 하면 최상의 것이 갖고 있는 특유의 기운이 당신을 일류의 길로 이끌어줄 것이다.

억만장자는 평소에 이용하는 매장에 대해서도 이런 지론을 갖고 있다.

"가장 좋은 매장을 이용할 것."

"가장 성공한 사람들이 드나드는 일류 매장을 이용할 것."

최고의 매장은 손님을 대하는 태도부터가 다르니 우선 그것을 충분히 누려보고 느껴보는 것이 중요하다.

그리고 일류 매장에서 최상의 대접을 받는 즐거움을 느끼게 되면 성공을 빨리 쟁취할 수 있고, 생각보다 빨리 부를 축적할 수 있다.

　실제로 그런 일류 매장을 다녀보면 고객층부터가 일반 매장과
전혀 다르다. 그리고 그곳에서 우연히 만난 사람들과 알고 지내
다 보면 생각지도 않게 함께 일을 할 기회를 잡을 수도 있다.

활기차게 생활해야 한다

아무리 세상이 불경기라고 해도 그것에 안주하고 인상을 찌푸리거나 푸념해서는 안 된다.

그러다 보면 당신의 금전사정도 그에 동화되어 힘을 잃기 때문이다.

진정한 부자라면 세상 경기가 아무리 안 좋아도 별 영향을 받지 않는다. 대기업이나 큰 가게가 문을 닫든, 동종업계 사람들이 위기에 몰리든 꿈쩍도 않는다.

실은 그것도 나름대로 이유가 있다. 진정한 부자들은 경기가 나빠지는 낌새를 조금이라도 알아차리면 바로 대처하기 때문이다.

그러니 남들 눈에는 항상 일이 잘되는 것처럼 보이는 것이다.

그들에게는 어떤 불경기에도 굳건히 버티는 저력이 있다.

그리고 호경기를 누리고 싶다면 우선 활기차게 생활해야 한다.

내면적으로나 가정 내, 직장에서 활기차게 생활하다 보면 경기를 회복시키는 에너지가 발생한다.

활기차게 생활하기 위한 방법에는 이런 것들이 있다.

'긍정적인 말을 한다.'
'긍정적인 생각을 한다.'
'경쾌하게 움직인다.'
'일정 기간 동안 집중적으로 에너지를 쏟아 붓는다.'

이런 것을 실천하다 보면 당신의 일과 인생, 그리고 금전운은 눈에 띄게 향상될 것이다.

확고한 신념을 지녀야 한다

'나도 부자가 될 거야!'

'부유한 삶을 쟁취하고 말 거야!'

'행복한 억만장자가 되겠어!'

이렇게 부자가 되기로 결심했다면 항상 가슴속에 새겨두고 생활해야 한다.

'역시 나는 안 되는 걸까.'

'부자가 되긴 틀린 거 같아.'

이와 같이 부정적인 생각을 품어서는 안 된다.

매사에 긍정적인 생각을 갖고 생활하는 사람만이 부를 자기 것으로 만들 수 있다.

사소한 일에 일희일비하다가는 아무것도 얻을 수 없다.

확고한 신념을 가진 자만이 그에 걸맞은 생활을 누릴 자격이 있다.

큰일이나 돈, 성공을 원한다면 과연 그것이 내 것이 될까 하고 의심하거나 걱정해서는 안 된다.

그 대신에 '분명 내 것이 된다.'는 믿음을 갖고 지금 내 눈앞에 있는 일과 해야 할 일에 집중해야 한다.

확신을 갖고 무언가에 전력투구하면 결과는 반드시 나오게 되어 있다.

두 눈으로 비전을 보아야 한다

당신이 꿈꾸는 럭셔리 라이프를 실현하는 데 자극제가 될 만한 것이 있다면, 그것을 항상 곁에 두도록 하자.

예를 들어 고급 외제차의 팸플릿이나 고가의 보석 사진, 꼭 살아보고 싶은 호화저택을 다룬 건축 잡지, 성공한 사람들이 모이는 파티용 드레스 등등…….

이런 것을 눈에 잘 띄는 곳에 두거나 붙여두고 보면 좋은 자극을 받게 된다. 그리고 그 자극은 잠재의식으로 작용해 당신을 긍정적인 방향으로 이끌어줄 것이다.

그리고 살면서 감동할 만한 일이 많으면, 그 감동적이고 풍요로운 기운이 자연의 흐름을 타고 당신 앞에 자주 나타날 것이다.

감동적인 음악이나 영화, 사람들과의 감동적인 대화, 성공담 등은 '그래, 나도 오늘부터 열심히 살아보자!' 는 의욕을 북돋아준다. 그러니 이런 것들을 가능한 많이 접하고 자기 것으로 만들기 바란다.

그럼 당신의 내면에서 큰 에너지가 샘솟아, 당신을 풍요롭고 순조로운 삶으로 이끌어줄 것이다!

3장

금전적 위기를
벗어나기 위한
감정 조절법

돈은 당신의 감정변화에 민감하게 반응한다

일단 돈 걱정은 접어두어야 한다

수중에 돈이 없을 때 그 상황을 빨리 극복하고 돈이 들어오게 하고 싶다면 우선 돈 걱정을 접어둬야 한다.

걱정을 하는 것은 얼핏 보기에는 그 상황을 해결하기 위해 안간힘을 쓰는 것처럼 보이지만, 실상은 그렇지 않다. 오히려 사태를 더욱 악화시키는 요인이 된다.

왜냐하면 우주란 당신이 무슨 생각을 하는지 항상 주시하고, 당신이 강하게 의식하는 것, 오랫동안 생각하고 있는 것을 현실로 만들기 때문이다.

즉 돈이 없을 때 돈이 없다고 머리를 싸매고 있는 것은 바꾸어 말하면 그 돈이 없는 상태에 계속 정신을 집중시키고 있는 것이다. 이렇게 정신을 집중시킨 곳에 쌓인 부정적인 기운은 금전사정을 더욱 안 좋은 쪽으로 몰아간다.

그러니 돈이 없을 때에는 그 걱정을 떨쳐버리고 이런 식으로

생각을 전환시켜보자.

'돈이 들어오면 얼마나 안심이 될까.'

이렇게 긍정적인 방향으로 정신을 집중시키고 있다 보면 그동안 당신을 짓누르던 어두운 그림자는 사라질 것이다. 그리고 긍정적인 에너지가 당신에게 금전적 여유를 가져다주기 위해 전폭적으로 지원할 것이다. 그러다 보면 금전문제는 어느새 해결되어 있을 것이다.

돈에 너무 집착해서는 안 된다

돈은 자신에게 지나치게 집착하는 사람을 멀리 하려는 성질을 갖고 있다.

쫓아다니거나 애걸복걸하는 사람은 '없으니까 갖고 싶다.'는 결핍의 감정으로 가득 찼다는 증거이다.

부족함을 느껴 무언가를 얻으려 해도 이때 얻을 수 있는 것은 허무함뿐이지 아무것도 채워지지 않는다.

결코 돈에 눈이 멀어서는 안 된다.

돈은 할 일을 하면 필연적으로 따라오게 되어 있으니 그것을 믿고 매사에 임하도록 해야 한다.

그럼 돈은 자연히 따라오게 되어 있다.

내 안으로 들어온다는 확신이 있는 곳에는 결코 갈증과 의심이 생길 수 없다. 당신의 확신대로 돈이 들어오는 현실만이 있을 뿐이다.

무거운 짐을 내려놓아야 한다

인생을 살면서 뭔가 정신적으로나 육체적, 경제적으로 짐스럽게 느껴지는 일, 지나치게 애를 먹이는 문제가 있다면 그것을 놓아버려야 한다.

그럼 당신의 삶을 짓누르던 것이 사라져 재복도 술술 들어오게 될 것이다.

당신이 정신적으로나 육체적으로 감당하기 힘든 일을 오랫동안 끌어안고 있다 보면 당신 안에 있는 에너지의 흐름이 정체될 수 있다. 그러다 보면 그것이 응어리져 당신을 더욱 무겁게 짓누르게 된다.

그곳에는 결국 고통에 몸부림치는 기운만이 가득해, 여유로운 마음이 자리 잡을 여지가 없다.

너무 짐스러운 것을 하나둘, 또는 잠시라도 내려놓는다면 그것만으로도 여유가 생길 것이다.

그때 당신에게 도움이 되는 여유의 증표가 돈이나 그 밖의 갖
가지 형태로 돌아올 것이다.

돈에 관해서는
좋은 말만 해야 한다

　돈과 오랫동안 사이좋게, 좋은 인연을 유지하고 싶다면 결코 돈에 대해 나쁜 말을 해서는 안 된다.

　돈은 사람의 감정에 매우 민감하게 반응한다. 마치 살아 있는 인간처럼 당신의 마음속을 들여다보고 태도를 바꾼다.

　돈은 마치 이성친구와도 같다. 당신이 돈에 대해 욕을 하거나 이 정도 돈은 별 도움이 안 된다고 과소평가를 하며 감사하는 마음을 갖지 않는다면 어떻게 될까? 돈은 당신에게 미움을 받는다는 생각에 점점 먼 곳으로 떠나갈 것이다.

　세상만사가 다 그렇지만 소중히 여기는 것만이 당신 곁에 남는다. 돈도 마찬가지이다.

　그러니 돈을 소중히 여기고 사랑한다고 말해야 한다. 소중히 여기겠다고 약속해야 한다.

　그리고 내 곁에 있어 줘서 얼마나 도움이 되는지 모른다며 감사해야 한다.

　그럼 돈은 그 사랑에 대한 보답으로 당신 곁으로 점점 다가오게 될 것이다.

절대 돈이 없다는
말을 해서는 안 된다

주머니 사정이 어떻든 "돈이 없다."는 말을 절대 입 밖으로 내서는 안 된다.

말은 현실을 변화시키는 위력을 갖고 있다.

설령 돈이 없을 때라도 "돈이 없다."는 말을 계속 하면 당신의 귀와 세포, 피부, 뇌, 잠재의식, 이 모든 것들이 듣고 있다가 더욱 그런 상황으로 몰아가기 위해 활발하게 움직일 것이다.

아무리 생활이 어려워도 또는 그렇지 않아도, 또는 농담이라도, '가난'이라는 말을 평소에 사용하지 않도록 주의하자.

왜냐하면 이 말이 발산하는 에너지는 당신을 점점 무기력하게 하는 엄청난 파동을 갖고 있기 때문이다.

'가난'

이 말을 습관적으로 사용하다 보면 설사 재복이 들어온다 하더라도 빈곤함에 기가 눌려 점차 결핍된 상태에 빠지게 된다.

그러니 농담이라도 이 말은 해서는 안 된다.

'가난'이라는 말을 자주 사용한다는 것은 그만큼 가난하다는 생각에 지배를 받고 있다는 증거이다. 결국 자기 손으로 현실을 망치는 것이다.

손해를 본다는 생각을 버려야 한다

돈과 관련된 것이든 무관한 것이든 '손해봤다!'는 생각에 너무 연연하지 않도록 해야 한다.

손해봤다는 피해의식, 과거 자신이 한 일에 대한 후회, 손실에 대한 분노의 감정, 이런 것들은 당신이 풍요로움을 향해 다가가는 것을 막는 에너지가 된다. 그리고 사사건건 당신이 하는 일을 방해한다.

이미 끝난 일에 집착할수록 돈이 들어오는 회로는 차단된다.

실제로 손해를 본 데다 그에 대한 집착으로 굴러들어오는 재복까지 차버린다. 이만큼 어리석은 일도 없을 것이다.

만일 금전적인 손실을 봤다면 인생 공부를 했다고 생각하고 집착을 버리길 바란다. 집착을 버리고 전진하는 곳에 풍요로운 경제적 부활이 당신을 기다리고 있을 것이다.

누군가를 위한 일, 자신을 위한 일을 할 때도 그렇지만, '손해 봤다' 거나 '아깝다' 고 생각하는 것은 금물이다.

'아낌없이 주는 것'

이것이 바로 풍요로움을 누릴 수 있는 가장 쉬운 방법이기 때문이다.

남에게 무언가를 넉넉하게 주었을 때 그 풍요로움은 돌고 돌아 당신에게 돌아올 것이다.

감정의 기복을 없애야 한다

감정의 기복이 심하고 정서적으로 불안할 때에는 외적 상황도 불안해진다.

감정이 가진 에너지는 당신을 좌지우지할 힘을 갖고 있어 현실 또한 그렇게 변화시킨다.

기쁨이나 즐거움, 설렘과 같은 긍정적인 감정은 긍정적인 현상을 빚어낸다.

반대로 분노와 질투, 너무나도 격한 슬픔과 같은 부정적인 감정은 파괴적인 현상으로 이어진다.

금전운을 상승시키고 싶다면, 편안한 상태에서 당신의 심신, 그리고 당신을 둘러싼 환경 속에서 긍정적인 에너지가 잘 흐르고 있어야 한다.

그러니 경제적인 풍요로움을 안정적으로 얻고 싶다면, 우선 감정의 기복을 없애기를 바란다.

그리고 편안한 심리상태를 유지하는 것, 이 점을 명심해야 할
것이다.

분노하지 말고
마음을 다스려야 한다

감정에도 여러 종류가 있지만 그중에서 가장 주의해야 하는 것이 바로 '분노'라는 감정이다.

분노란 내면에 축적되는 성질을 갖고 있다. 그리고 그렇게 쌓이고 쌓인 분노는 언젠가 폭발하는 파괴력을 갖고 있다.

당신의 내면에 분노의 감정이 들끓고 있으면 그 파괴력 때문에 매사에 좋은 상태를 유지하기 힘들다.

특히 재복은 분노의 마음, 앙심을 품은 사람을 피하는 성질이 있으니 주의해야 한다.

이런 속담이 있다.

'부자는 싸움을 하지 않는다.'

이 말처럼 풍요로움의 본질을 내면으로 느끼고 사소한 일에 화를 내지 않는다면 풍요로운 삶을 쉽게 이룩할 수 있을 것이다. 그리고 이렇게 풍요로운 환경 속에서 부유한 사람들과 넉넉하게 돈을 벌고 생활한다면 정신적 평화도 찾아올 것이다.

부자가 되고 싶다면 평소부터 가능한 온화하고 충만한 마음으로 생활하기 바란다.

평화롭고 안정된 심리상태는 마음을 풍요롭게 해주며 당신 주변에서 항상 좋은 일이 일어나게 한다.

당신이 내적으로 안정된 상태라면 그 내면을 거울로 비추듯이 점차 외적인 부분과 금전 문제도 안정되기 시작할 것이다.

온화하고 안정된 상태에서는 무슨 일을 해도 일이 순조롭게 성사되기 마련이다.

불평·불만의 원인을 찾아야 한다

불평·불만이란 한번 입 밖으로 내면 눈덩이처럼 불어나 상황을 더욱 악화시키는 성질을 갖고 있다.

밖으로 분출하지 않으면 견딜 수 없는 불평·불만의 에너지는 상황을 더욱 꼬이게 한다.

불평·불만스러운 일이 있다면 우선 무엇 때문에 그런 것인지, 그 원인을 확인해보길 바란다.

남의 행동 때문일까? 무슨 일 때문에 이렇게 기분이 나쁜 것일까?

내가 공연히 짜증을 내고 있는 것은 아닐까?

객관적으로 따져보고, '별것 아니다.'라는 생각이 들면 일일이 화를 내지 않고, 너그럽게 넘길 수 있게 된다. 그러면 에너지를 쉽게 조절할 수 있어 당신의 주변 사정과 금전사정이 점차 좋은 방향으로 개선될 것이다.

그리고 이것만은 기억해두자.

가난의 기운은 투덜투덜 불평·불만이 많은 사람, 입을 삐죽이며 고개 숙인 자를 아주 좋아해, 한번 달라붙으면 찰거머리처럼 떨어지지 않는다는 것을 말이다.

가난의 신은 한번 붙으면 불평·불만 정도로 끝나지 않는다. 이 신은 꼭 돈으로 벌을 주기 때문에 부자가 되고 싶다면 불평·불만의 마음을 버려야 한다. 절대 불평·불만을 하는 데 힘을 허비해서는 안 된다.

목적에 맞게 돈을 써야 한다

자녀를 위해 마련한 돈이나 집안 행사(관혼상제)에 쓸 돈, 그리고 누군가에게 갚아야 할 돈은 어떤 목적을 가진 돈이다. 그러니 꼭 그 목적에 맞게 사용해야 한다.

목적을 완전하게 달성하지 않은 돈은 언젠가 다시 필요해진다. 그러니 다른 곳에 돈을 쓴다면 당신은 그 돈을 새로 마련하느라 애를 먹게 될 것이다.

자기소임을 다한 돈은 일단은 사라진다. 하지만 또 다른 기회를 갖고 당신 앞에 다시 나타날 것이다.

그만두는 회사에도
감사해야 한다

당신에게 월급을 주는 사람, 생활비를 벌어다 주는 남편이나 배우자, 그리고 필요한 돈의 출처인 회사나 조직을 절대 욕해서는 안 된다.

당신이 그들을 비판하거나 욕을 하면 상대방도 그것을 눈치채고, 당신에게 돈을 주려는 생각이 싹 사라질 것이다.

사람이란 감사하는 마음을 잊으면 무엇이든 나쁘게 말하는 습성이 있다.

감사하는 마음을 저버린 이는 재복도 달아난다.

당신에게 월급을 주는 회사와 당신을 고용한 사장이 있었기에 필요한 돈이 매달 착착 들어오는 것이다.

그러니 그 액수와는 상관없이 우선 감사하는 마음을 가져야 한다.

그렇게 생각할 수 있는 넉넉한 마음을 갖게 되면, 왜 그런지

몰라도 월급도 올라가고 승진을 하는 등 금전사정도 점차 좋아질 것이다.

개선을 원한다면 불평하거나 비난할 것이 아니라, 우선 감사하는 마음을 갖도록 해야 한다.

'이런 회사, 당장 때려 치고 싶다!'

'정말 지긋지긋하다.'

설령 이런 생각이 들 만한 회사에 다녔다 해도, 그만둘 때에는 감사하는 마음을 갖도록 해야 한다.

당신이 그 회사에 좋지 않은 감정을 갖고 있다 해도, 분명 그 회사에 신세를 지고 경제적인 도움을 받았을 것이다.

그것을 망각하고 회사에 대해 좋지 않은 일만 곱씹는다면 다음에 들어가는 곳에서도 똑같은 일을 당하게 될 것이다.

어떤 사정이 있었다 하더라도 내가 받은 것에 대해 감사하는 행위는 당신의 주변을 밝게 만드는 힘을 갖고 있다.

그렇게 감사하는 마음, 밝은 마음으로 회사를 그만둘 수 있다면, 다음에 들어가는 회사는 감사와 감동으로 가득한 곳이 될 것이다.

자신의 수입을 한탄해서는 안 된다

남들과 비교하며 내 수입을 비관할 필요는 없다.

한숨짓지 말고, 희망적으로 긍정적인 미래를 기대하고 있으면, 꿈꾸던 삶을 누릴 수 있기 때문이다.

게다가 지금 당신이 액수가 적다며 푸념하고 있는 그 돈은 당신이 아침 일찍부터 밤늦게까지 열심히 일해서 번 돈이다. 그러니 그 노동의 가치를 스스로 인정하고 칭찬하기 바란다.

사람은 칭찬을 받으면 더욱 크게 보답하려는 마음을 갖는다. 더욱 좋은 것을 창조할 수 있는 힘을 발휘하게 되는 것이다.

특히 돈을 버는 일에 관해서는 즐겁게 일하지 않고는 결코 좋은 성과를 얻을 수 없다. 그러니 부지런히 일하고 있는 자신을 칭찬하고 격려해 더욱 신바람 나게 일하도록 해야 한다.

내키지 않는 일에는 돈을 써서는 안 된다

아무리 예전부터 갖고 싶었던 것이나 남들이 권유해도 그 돈을 쓸 때 마음이 개운치 않다면 잠시 보류하도록 하자.

또 바겐세일로 가격이 많이 떨어졌어도, 갖고 있지 않으면 창피할 것 같아도 망설여진다면 일단 지갑을 닫아두자.

금전운은 어떤 마음으로 돈을 다루느냐에 따라 크게 좌우된다.

예를 들어 돈을 쓰는 데 마음이 내키지 않는다는 것은 그 후 금전사정에 어떤 변화가 일어날 것을 예감했다는 것으로 그 예감이 돈을 쓰지 않도록 말리는 것이다. 이런 것은 그 시기만 지나면 아무 거리낌 없이 사거나 기분 좋게 쓸 수 있는 것이니 잠시만 보류하자.

돈과 돈독한 관계를 유지하기 위해서는 일종의 거부감이나 불안한 마음이 들 때, 또는 망설여질 때에는 우선 지갑을 단단히

닫아두는 것이 좋다.

　이런 신중한 판단은 시시각각 당신의 금전사정을 지켜줄 것이다.

피해의식이나 이기심을 갖지 말아야 한다

정말 원해서 산 물건이 아닌 경우에는 그것이 비싼 것일수록 후회가 크다.

영업사원의 꼬임에 넘어가 사게 된 물건이나 교제상 어쩔 수 없이 산 물건이라 해도 사겠다고 결심을 한 것은 결국 나 자신이다. 그러니 이 점을 잊어서는 안 된다.

누가 당신의 돈을 빼앗은 것도, 강제로 쓰게 한 것도 아니다.

당신이 계약서에 도장을 찍거나 물건을 샀다면 나름대로 사정이나 조건을 따져보고 할 만하다는 생각이 들었기에 결정한 것이다. 그러니 '저 인간에게 돈을 뜯겼다.'는 피해의식을 갖는 것은 좋지 않다.

강한 피해의식을 갖다 보면 더 큰 금전적 손실을 입게 된다. 그러니 '결국 내가 결정해서 산 거야. 잊어버리자.'라며 깨끗하게 잊도록 하자.

앞으로 그것을 교훈 삼아 현명하게 돈을 쓰는 방법을 배우면 되는 것이다.

부자가 되는 사람들은 보통 사람들보다 이런 일을 교훈으로 잘 살린다. 그렇기 때문에 결국 무엇에, 어떻게, 어떤 의도와 마음을 갖고 돈을 다루면 되는지 매우 잘 아는 것이다.

돈과의 관계, 결국 아는 만큼 잘 쌓을 수 있다.

내 이기심으로 움직이려 하면 안 된다.

인생을 살면서 매사에 일이나 인간관계, 금전문제도 그렇지만, 자기만을 위한 이기심으로 뭔가를 조작하거나 편법을 쓴다면 재복은 순식간에 달아난다.

이기심은 나도 모르게 마음을 가난하게 한다. 정말 무섭게도 말이다.

4장

평생 재복을
누리기 위한
부자의 수칙

돈은 긍정적 이야기와 배포가 큰 사람을 좋아한다

잘 나가는 사람들의 이야기에 귀 기울여야 한다

남들의 성공담을 기뻐하며 들어야 한다. 속 좁게 시기나 질투를 한다면 재복은 멀리 달아나버리고 만다.

남들이 돈을 많이 번다는 소식이 당신의 귀에 들어오거나 누군가가 그 소식을 전해준다는 것은 당신도 그들과 똑같이 될 수 있다는 행운의 예고이다.

즉 당신에게서 매우 강력한 기운이 발생하고 있다는 증거인 것이다.

동종업계 사람의 이야기는 물론, 비록 다른 분야 사람의 성공담일지라도 거기에는 반드시 성공과 부의 법칙이 담겨 있기 마련이다.

그리고 대부호가 되는 가장 좋은 힌트는 당신이 남의 성공을 마치 자기 일처럼 기뻐하고 귀담아 듣고 있을 때 확실하게 제시된다.

반대로 남의 일이라며 건성으로 듣거나 시기, 질투하는 마음으로 듣고 있다 보면 거금을 쟁취할 힌트가 보일 리 만무하다.

벌고자 하는
굳센 의지를 가져야 한다

당신이 할 것인가, 말 것인가 망설이고 있을 때에는 아무 일도 일어나지 않는다.

하지만 일단 '나도 10억을 벌고 만다!'고 의욕적으로 결심해 보자.

그럼 당신을 돕기라도 하듯 갖가지 비즈니스 정보나 돈벌이가 되는 무수한 기회가 찾아올 것이다. 그야말로 돈줄이 열리기 시작하는 것이다!

우주는 무한한 보물창고 속에 잠들어 있는 부를 간절히 원하는 이에게 가져다주려고 한다.

하지만 손을 드는 이가 없다면 주고 싶어도 줄 수가 없다.

"나 여기 있어."라며 손들고 있다는 것을 강한 결심의 힘으로 보여주자.

그럼 얼마 안 가 신기하리만큼 금전운이 상승할 것이다.

지금부터 억만장자가 되는 것을 마치 월말에 통장에 월급이 입금되는 것처럼 당연하게 여겨야 한다.

뭔가 진정으로 원하는 것이 있을 때 그것이 나에게 오는 것, 실현되는 것을 당연하다고 생각하자. 아무 의심 없이 그런 확신을 갖고 있다 보면 현실은 자연히 그것을 따라가게 되어 있다

성공한 사람들과
손을 잡아야 한다

부를 얻는 가장 쉬운 방법은 당신이 성공한다면 더할 나위가 없겠지만, 아직 그전이라면 당신보다 한발 앞서 성공한 이들과 손을 잡아야 한다.

또 당신이 이미 성공한 상황이라면 당신보다 훨씬 더 크게 성공한 이들과 손을 잡아야 한다. 그럼 그 풍요로움은 더욱 커질 것이다.

아직 경제적으로 성공하기 전인데 성공한 이들에게 어떻게 다가갈 수 있을까?

우선 그들과 같은 마인드를 가져야 한다.

즉 위험부담을 감수하고라도 자발적으로 움직여야 한다. 그리고 확실한 성공 비전을 가져야 한다. 그럼 비록 지금은 가진 것이 없을지라도 성공한 사람들이 당신을 돕기 위해 나설 것이다.

왜냐하면 성공한 사람들은 이런 사람들이 반드시 성공한다는

것을 잘 알고 있기 때문이다. 그렇기에 그들은 더욱 보람을 느끼는 것이다.

성공한 사람들은 누군가에게 도움을 주는 것으로 자신의 마음과 부의 가치가 배가 된다는 것을 잘 알고 있다.

그리고 큰 부를 축적하고 싶다면 우선 이렇게 생각하자.

'나는 억만장자가 될 가치가 있다.'

우선 이렇게 자각하고 스스로를 인정해야 한다.

왜냐하면 가치를 느낄 수 없는 것은 가치를 창출할 수도 없기 때문이다.

재산이라는 경제적인 부를 확실하게 쟁취하고 싶다면 우선 자신을 귀하게 여겨야 한다. 우주의 무한한 보물창고를 자유자재로 움직일 수 있는 귀한 인물이라고 말이다.

그러면 그 신념에 맞장구를 치듯 당신이 귀한 인물이라는 인식이 사방에 퍼질 것이다. 그리고 점차 그에 걸맞은 대접, 그에 걸맞은 보수를 받게 될 것이다.

때를 잘 잡아야 한다

부유한 삶을 누리기 위해서는 우선 운이 좋아야 한다.

운이 좋은 사람이란 때를 잘 잡는 사람을 말한다.

때를 잘 잡기 위해서는 머릿속에 떠오른 아이디어와 결심한 것을 즉각 행동으로 옮기는 실천력이 필요하다.

운이 좋은 사람들은 습관적으로 머릿속에 떠오른 것을 바로 행동으로 옮긴다. 그렇기 때문에 눈에 보이지 않는 생각을 남들보다 빨리 실현시킬 수 있는 것이다.

'그냥 단순히 떠오른 생각이니까.' 라며 '머릿속에 떠올랐다고 바로 움직이는 것은 너무 경솔하다.'는 식으로 재고 따지다 보면 버스는 이미 떠난 후이다.

머릿속에 떠오른 생각이나 아이디어는 마치 상하기 쉬운 날 생선과도 같다. 그러니 바로 먹어버리지 않으면 상해버린다.

무슨 일이든
즐기면서 해야 한다

무슨 일이든 기분 좋게 즐기면서 하고 있다 보면 당신 안에 있는 긍정적인 에너지가 단숨에 고조, 확산될 것이다. 그리고 당신의 금전운도 순식간에 상승할 것이다.

돈이란 풍요로운 기의 에너지가 전환된 것이다.

만약 그 에너지가 당신이 일을 하고 있을 때 발생한 것이라면, 그것은 자연히 돈으로 연결될 것이다.

긍정적인 에너지가 돈을 만들어낸다는 것을 모르는 사람들은 항상 피곤에 절어 있다. 그렇게 무기력한 상태로는 재복이 붙으려야 붙을 수 없다.

아울러 큰 성공이나 부는 대범한 생각과 비전을 가진 사람을 찾아온다.

그러니 당신이 할 수 있는 일, 하고 싶은 일, 얻고 싶은 것을 과감하게 그려보도록 하자.

주저하고 있다가는 당신의 기운은 위축되기 마련이다.

에너지는 부풀어나고 자유로운 것을 좋아하는 성질을 갖고 있다.

그 성질을 잘 활용하는 것만으로도 에너지는 긍정적인 현상을 쉽게 빚어낸다.

거대한 스케일이 발산하는 대범한 에너지를 느껴보자.

그러면 얼마 안 가 당신에게 큰 변화가 찾아올 것이다.

원하는 부를 확실하게 얻고 싶다면, 당신의 생각과 행동에 한동안 에너지를 집중시켜보자.

모든 일이 그렇지만 무언가를 실현하기 위해서는 변화가 필요하며, 또 그에 걸맞은 에너지가 필요하다.

부를 축적하고 싶다면 풍요로운 사고를 하고 그에 걸맞은 행동을 해야 한다.

무슨 일이든 변화가 생길 때까지는 아낌없이 에너지를 쏟아부어야 한다. 그러다 보면, 그 에너지가 힘을 발휘해 현실을 변화시킨다.

그렇다고 지나치게 돈에 연연해서는 안 된다.

그럼 내가 하는 일로 어떻게 거금을 쟁취할 수 있을까?

그것은 기쁘고 설레는 마음으로 그 일을 즐기면 된다.

기쁜 마음으로 일을 즐기다 보면 일을 더욱 알차게 할 수 있다. 그뿐 아니라 하면 할수록 충만함, 즉 보람을 느낄 수 있어 당신의 내면에서 파워가 샘솟게 된다. 그러니 남들보다도 일을 더

욱 잘할 수 있게 되는 것이다,

　당신이 일에 쏟는 에너지가 양질이고 스케일이 큰 것일수록,
그것은 거금이 되어 당신에게 돌아온다.

거금을 두려워해서는 안 된다

거금을 손에 쥐고 싶다면 거금을 다루는 일을 두려워해서는 안 된다.

사람은 두려워하는 것을 멀리 하는 습성이 있다.

'나는 얼마나 많은 돈을 벌 수 있을까?'

지금 생각난 금액을 각자 종이에 적어보도록 하자.

쉽게 쓸 수 있는 금액, 설레는 마음으로 쓴 금액, 망설이며 쓴 금액, 이 정도는 어렵겠지 하고 생각하며 쓴 금액 등등 여러 가지가 있을 것이다.

이 중에서 가장 쉽게 손에 쥘 수 있는 금액은 당신이 망설이지 않고, 기분 좋게, 설레는 마음으로, 또 희망찬 마음으로 쓴 금액이다.

그 금액은 언젠가 당신이 쟁취할 수 있는 것이다. 또 그것을 끝이 아닌, 더 크게 비약하기 위한 발판이라고 생각하기 바란다.

금전적 여유와 목표금액을 확실히 정해두어야 한다

언제나 금전적으로 여유로운 상태를 만들도록 노력하자.

무슨 일이든 아등바등하고 아슬아슬한 상태로는 그에 대한 불안과 걱정 때문에 제 실력을 발휘하기 힘들다.

아무리 적다해도 조금이라도 여유로운 상태를 만들어두면 더 큰 여유를 만들어내는 것은 그리 어려운 일이 아니다.

돈은 외로움을 많이 탄다. 그렇기 때문에 친구들이 많이 모여 있는 곳으로 가려는 습성을 갖고 있다.

당신이 '돈을 가진 상황'을 유지할수록 돈은 자연히 당신에게 다가올 것이다.

그리고 사람들이나 우주도 돈을 가진 이에게 좀 더 줘도 좋다는 생각에 돈을 몰아준다.

왜냐하면 당신이 금전적으로 여유로운 상태여야 남들도 안심할 수 있고 희망을 가지며, 우주도 그만큼 보람을 느끼기 때문이다.

따라서 목표금액을 확실히 정해두어야 한다.

원하는 금액을 '가능하면 이 정도면 좋겠다.'는 식으로 애매모호하게 생각하지 말자.

기왕이면 '무슨 일이 있어도 이 금액은 꼭 손에 쥔다!'는 확고한 의지를 갖고 목표를 정하기 바란다.

목표금액에 대한 의지가 굳건한 신념이 되면, 그 돈을 쥐게 되는 것은 시간문제이다.

왜냐하면 의지를 확고하게 굳히는 순간 그것을 실현하려는 강력한 에너지가 발산되기 때문이다.

아울러 일을 사랑해야 한다.

자신의 직업과 일에 애정을 갖자. 그럼 일은 당신에게 반드시 보답할 것이다.

사랑하는 당신을 위해 더 큰 성공을 이루게 하는 것이다.

어떤 일을 할 때 애정을 갖고 하면 그곳에서는 고차원의 에너지가 교류하기 시작한다. 그리고 우주는 당신에게 더 큰 부를 가져다주려고 움직일 것이다.

돈은 내가 좋아하고 있는 일을 하고 있을 때 가장 잘 들어온다.

인간이란 자기가 좋아하는 일을 하고 있을 때 가장 희열을 느

끼고 즐거워한다. 그렇기 때문에 시간과 에너지를 기꺼이 투자
하는 것이다.

  아낌없이 시간과 에너지를 쏟은 일은 필연적으로 큰 성과를
가져다준다.

돈에게
사랑하는 마음을 전해야 한다

돈에게 사랑받으며 여유롭고 풍족한 인생을 누리고 싶다면 돈에게 진심을 담아 이렇게 전하자.

'사랑한다.'

만약 "그 정도까지는 아닌데. 낯간지럽게 웬 사랑?"이라고 말한다면, 돈은 "뭐야, 그런 거였어?"라며 기분이 상할 것이다. 그리고 당신에게서 점점 멀어질 것이다.

돈은 사람의 의식이 가장 많이 반영되는 것이다. 그러므로 당신이 어떤 감정을 갖고 돈을 다루느냐가 매우 중요하다.

돈은 마치 이성친구와도 같아 싫어하는 마음을 갖거나 소홀히 대하면 점점 멀어져 간다. 반대로 사랑을 주고 소중히 여긴다면 결코 당신을 외면하지 않을 것이다.

신의 시험을 피해써는 안 된다

당신이 '부자가 되고 말겠어.' 라고 굳게 결심했다면 신은 바로 당신에게 큰일을 맡길 것이다.

그때는 분명 감당하기 힘든 일이 맡겨질 것이다. 그런데 당신이 그걸 견디지 못하고 거부하거나 도망친다면, 금전운의 신은 당신을 의욕 없는 자라고 간주하고 그 일을 거두어들일 것이다.

부자가 되고 싶어 하는 당신에게 보낸 첫 선물이라는 것을 모르고, 복을 제 발로 찬 셈이다.

하지만 진심으로 '반드시 부자가 되겠어!' 라는 확신을 갖고 있는 사람은 그것이 단순히 성가신 일이 아니라 좋은 기회가 찾아왔다는 것을 바로 눈치챈다. 그리고 모든 것을 감수해내려고 애쓴다.

그렇다면 억만장자가 되는 것은 시간문제이다.

가난의 신에게 배워야 한다

선천적으로 어둡고 우울한 사고방식을 갖는 사람들은 안 좋은 기억만을 계속 곱씹는다. 그리고 손해본 일에 대해 끝없이 불평·불만을 늘어놓거나 남의 부유함을 시기, 질투한다.

가난의 신은 그런 사람에게 집요하게 달라붙어, 그가 가진 돈과 부유함을 한꺼번에 앗아가 버린다.

왜냐하면 가난의 신은 그런 사람들 속에 들어가 있는 것이 너무 편안하기 때문이다.

반대로 밝고 명랑한 사람의 속은 마치 가시방석과도 같아 바로 빠져나간다.

부자가 되고 싶다면 이 가난의 신을 얼씬 못 하게 해야 한다.

그런데 가난의 신을 왜 신(神)이라고 부르는 것일까? 그것은 가난한 상태에서도 우리에게 돈에 관한 교훈을 일깨워 주는 존재이기 때문이다.

고통 속에서
교훈을 찾아야 한다

당신을 괴롭히는 사람이나 사건은 당신에게 가장 좋은 것을 주기 위해 일부로 그런 일을 하는 경우가 있다. 그곳에는 수많은 깨달음과 당신을 인간적으로 성장시키기 위한 교훈이 있다.

막상 힘든 일이 일어났을 때에는 너무 괴로운 나머지 당신에게 피해를 끼친 사람을 역귀(疫鬼)처럼 여길 것이다. 하지만 그 사람도 결국 당신을 성장시키기 위한 요소이다.

사람들은 역귀가 붙은 후에 비로소 자기에게 왜 그런 나쁜 일이 일어났는지 그 이유를 깨닫는다.

즉 당신에게 사귀지 않아도 좋을 사람, 떨쳐내야 할 액, 개선시켜야 할 사안이 있다는 것을 알게 되는 것이다.

당신이 너무 부정적인 생각만 하고 있으면 역귀는 편안함을 느낄 것이다. 그리고 당신에게서 떨어지려 하지 않을 것이다.

그러니 우선 긍정적인 마음으로 생활하자.

그럼 역귀는 결코 당신의 풍요로운 인생을 방해할 수 없을 것
이다.

감사하는 마음을 가져야 한다

"고맙습니다."

"덕분에 편안히 잘 지냅니다."

이런 말을 평소에 사용하다 보면 표정도 온화해지고 마음도 편안해진다. 그리고 자비심이 생긴다.

감사하는 마음은 사람을 겸손하게 만든다. 그러므로 이런 것을 실천하다 보면 얼굴이 부처같이 자비로워지고 행동도 넉넉해질 것이다.

부처와 같은 사람은 바로 알아볼 수 있다.

모든 이가 그 사람을 바라보는 것만으로도 마음이 편안해지고 위안을 얻게 된다. 그리고 절로 눈물이 흘러나올 것이다.

절이나 교회는 신에게 부탁하러 가는 곳이 아니다. 그러니 오늘부터는 아무리 작은 일이라도 당신이 받은 은혜를 되새기고 신에게 감사하러 가도록 하자.

그렇게 감사 인사를 드리다 보면 당신도 기쁨을 느낄 수 있고, 당신을 지켜주는 수호신, 조상들도 기뻐할 것이다.

물론 신과 우주도 아주 흡족해하며, 앞으로도 당신이 더욱 감사할 은혜를 베풀어줄 것이다.

이 감사하는 마음으로 인해 세상의 온갖 은혜가 당신을 찾아오는 기쁨을 충분히 음미하기 바란다. 그리고 인생의 진정한 풍요로움에 눈 떠보자.

그러면 마음에 평화가 찾아올 것이며, 당신 앞에는 언제나 최상의 인생이 펼쳐질 것이다.

덕을 쌓고
사랑과 조화에 힘써야 한다

'덕을 쌓는다.'고 하면 흔히들 대단한 인격자나 성인을 떠올릴 것이다.

하지만 여기에서 말하는 덕은 그리 거창한 것이 아니다.

덕이란 누군가에게 따뜻한 말을 건네는 것,

따뜻한 눈빛으로 바라보는 것,

누군가를 칭찬하거나 축복하는 것,

격려하고 응원하는 것이다.

덕이란 이렇게 작은 행동을 통해 사람들의 마음에 빛을 비춰주다 보면 자연히 쌓이는 것이다.

덕이 점점 쌓이다 보면 그 쌓인 양에 비례해 기적이 일어난다.

덕은 어떠한 형태로든 풍요로운 부가 되어 당신에게 돌아올 것이다.

어려움을 겪는 이에게 살짝 도움의 손길을 건네는 것만으로도 큰 도움이 된다는 것을 안다면, 또 도움을 줘야겠다고 생각했다면 바로 행동으로 옮기자.

결코 무리를 하라거나 부담스러운 일을 해야 한다는 것이 아니다.

우선은 '이 정도쯤이야.'라며 가벼운 마음으로 할 수 있는 일부터 시작해보자.

그럼 그곳에는 사랑과 풍요의 파동이 발생해 당신에게 도움받은 이들이 점차 활기를 되찾게 될 것이다.

이렇게 당신이 아무런 대가를 바라지 않고 준 도움은 하늘이 알아서 보답을 해줄 것이다.

또 다른 풍요로움으로 말이다.

어떤 상처나 고통, 슬픔을 안고 있다면 당신 안에 있는 에너지가 제대로 기능하기 힘들다.

풍요로운 삶을 누리고 싶다면 당신의 에너지가 제대로 힘을 발휘할 수 있도록 재빨리 내면의 상처를 치유하기 바란다.

스스로를 구원하고 회복시킨다면 당신 안에 잠재되어 있던 생명력과 창조력이 회생할 것이다. 이런 능력이 부활되면 재복이 부활되는 것도 시간문제이다.

물론 자아실현은 기본이다

자아실현이야말로 당신이 이 세상에 태어난 최대의 사명이다.

사람들은 각자의 역할을 갖고 이 세상에 태어났다.

내면에 잠재된 장점을 잘 발휘할 수 있도록 자발적으로 움직이는 것만으로도, 또 즐겁게 일하는 것만으로도 재복은 알아서 당신을 찾아오게 되어 있다.

남의 지위나 명예, 재산을 부러워하기만 하는 인생은 허무하다.

그런 일시적인 자극 때문에 무언가를 얻는다 해도 허무할 뿐더러 오래갈 수도 없다.

하지만 남들이 기뻐할 만한 일, 마음이 밝아질 만한 일, 활기를 되찾을 만한 일을 한다면 그들의 영혼이 다시 힘을 얻고 활발히 움직이기 시작할 것이다. 그리고 당신의 주변에서 온갖 풍요로움을 창조해줄 것이다.

당신 안에 있는 사랑으로 사람과 사물을 감싸고 조화를 이루도록 힘써보자. 그럼 애써 뭔가를 조작하지 않아도 모든 일이 순조롭게 풀릴 것이다.

즉 당신에게 필요한 사람들이 나타나고 필요한 일이 자연히 일어나니, 결국 필요한 것을 얻을 수 있게 된다.

신의 선택을 받는 자가 되어야 한다

순수하고, 밝고, 기쁨으로 가득 찬 마음으로 자신의 뛰어난 소질을 살리도록 노력해보자.

그리고 긍정적인 방향으로 사고를 발전시키고, 실력을 발휘할 수 있도록 노력해보자.

이렇게 주어진 일을 열심히 하다 보면 어느 회사의 사장이나 회장뿐 아니라 신이 당신을 인정하고 선택해줄 것이다.

다들 귀가한 밤 회사에서, 또 모두 잠든 밤 집에서, 모두 놀러 나간 동안 묵묵히 자기 할 일을 해보자.

아무도 보지 않는 것 같지만 신은 다 지켜보고 있다. 그리고 하늘에서 당신에게 스포트라이트를 비춰준다.

그 빛은 당신이 괴롭다고 느낄 때에는 전혀 보이지 않는다. 하지만 당신이 "이것이 제 한계입니다."라며 하늘을 바라보며 외쳤을 때 눈에 보이는 빛이 되어 당신을 비추기 시작할 것이다.

신은 당신이 성장할 수 있도록 최선을 다하는 모습을 지켜보고 있다.

결코 나 몰라라 하는 것이 아니다.

신은 언제나 당신 곁에서 당신이 하는 모든 일을 속속들이 알고 있다.

신은 인간이 자력으로는 더 이상 할 수 없을 때 그 위대한 힘을 보여준다.

그러니 아무 걱정할 필요 없다.

신이 당신을 선택하고 저버리지 않는 이상, 사랑과 부, 번영과 성공, 축복의 길은 항상 열려 있다.

좋은 감정의 에너지를 갖고 있어야 한다

신은 언제나 이 세상을 양질의 에너지로 가득 채우려 한다.

그리고 그 양질의 에너지를 확대시켜 우주에 좋은 에너지를 순환시키려고 한다.

그 양질의 에너지로 가득 채우고 그것을 순환시키는 원동력은 바로 이 지상에 살아 있는 만물의 생명 성장이다.

인간들은 너무나도 잘 알고 있다. 저마다 좋은 감정의 에너지를 갖고 있어야 한다는 것, 즉 모든 이가 선량하게 생명을 영위하는 것이 이 우주를 양질의 에너지로 가득 채우고, 그것을 순환시킬 수 있는 최선의 방법이라는 것을 말이다.

그뿐만이 아니다. 인간은 그것을 이루기 위해서는 사랑하고 감사하는 마음으로, 서로 도와 모두가 풍요로워져야 한다는 것을 잘 알고 있다.

그러므로 신은 사랑과 감사의 마음으로 삶을 영위하며, 누군

가에게, 또 사회에 봉사하는 사람을 칭찬하고 지켜주려 한다. 그
리고 우주에 있는 온갖 유형, 또 무형의 부를 가져다준다.

아무것도 바라지 말아야 한다

사랑, 성공, 부를 실현시키는 것도 그렇지만, 당신이 꿈꾸는 모든 것을 눈부신 빛 속에서 축복을 받으며 실현시키고 싶다면, 오히려 아무것도 바라지 않는 방법으로 우주에 요구해야 한다. 그러면 죽기 살기로 간청하는 것보다 빨리 소원을 이룰 수 있을 것이다.

'아무것도 바라지 않는 방법으로 요구한다.'

무슨 뜻인가 하면 그저 감사하는 마음을 바쳐 마음속의 꿈을 키워나간다는 것이다.

상대방에게 사랑을 받고 싶다면, 이렇게 인사하자.

"신이시여, 이렇게 사랑할 수 있는 사람과 만나게 해주셔서 감사합니다. 저는 순수하고 정직하게 이 사람을 대하겠습니다. 그리고 정말 소중히 여기겠습니다. 정말 감사합니다."

그리고 성공하고 싶다면 이렇게 인사하자.

"신이시여, 저에게 즐겁게 할 수 있는 일을 내려주셔서 진심으로 감사합니다. 제 일을 통해 여러 사람에게 봉사하고 번영할 수 있게 되었습니다. 저와 관련된 모든 이들이 성공을 거둘 수 있게 해주셔서 감사합니다."

또 부를 쌓고 싶다면

"당신은 제가 이 땅에서 사는 데 필요한 모든 것을 내려주셨습니다. 여기에서 이렇게 살 수 있게 해주셔서 정말 감사합니다. 모든 이들의 도움이 있었기에 제가 지금 이 자리에 있는 것입니다. 그리고 귀한 사람들과 일을 제때 만나게 해준 우주에 감사합니다. 제게 내려주신 모든 풍요로움에 감사합니다."라고 말하자.

이렇게 감사의 마음을 바칠수록 당신은 특별한 일을 하지 않아도 그 꿈을 쉽게 이룰 수 있을 것이다. 참 신기하게도 말이다.

이것은 감사의 공덕이 소원을 성취하게 해준 것이다.

실제로 당신의 신상에 아무 일이 일어나지 않았다 하더라도, 또는 아무 일이 일어나지 않고 가진 것이 없다 할지라도, 계속 빼앗기는 상황이더라도 아무것도 바라지 않고 감사하는 마음을 전해보자. 그러면 우주는 당신에게 탄복할 것이고, 그런 당신을 돕기 위해 큰 사랑으로 모든 것을 이루어주기 시작할 것이다.

우주는 언제나 당신이 갖고 태어난 고귀한 마음을 이끌어내려 하고 있다.

그것은 당신을 너무나도 소중하고 사랑스러운 존재라고 여기기 때문이다!

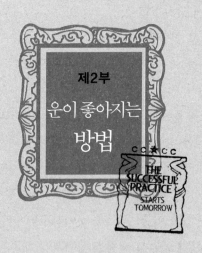

제2부

운이 좋아지는

방법

1장

얼굴과 몸에서부터
운 좋은
사람이 되는
방법

당신이 변하면 운도 즉시 효과를 낸다

얼굴은 신의 가호를 받는 곳이다

인상학에서는 얼굴에서 빛이 나면 운이 좋아진다고 한다.

만약 당신의 운이 조금 부족하거나 좀 더 운을 높이고 싶다면 얼굴에 윤기가 나도록 관리해야 한다.

자신의 피부에 맞는 세안제를 사용하여 깨끗하고 윤기 있는 얼굴을 만들어야 한다. 수분과 영양분을 충분히 보충해 주면 촉촉하고 윤기 나는 피부가 될 것이다.

그리고 화장할 때 자신의 피부 톤보다 한 단계 밝은 색의 파운데이션을 바르거나, 피부 본래의 윤기를 살리는 데 도움이 되는 크림을 사용하면 더욱 좋다. 마무리 단계로 윤기가 도는 파우더를 사용하면 한층 더 얼굴이 밝아 보일 것이다.

얼굴색이 좋아지고 윤기가 돌면 좋은 일이 생기기 시작한다!

얼굴은 '신의 가호를 받는 곳'이다. 그래서 칙칙하거나 건조하거나 거칠어지지 않도록 잘 관리해야 한다.

사람들은 얼굴색과 윤기로 당신의 활력과 운을 감지하여 다가오거나 멀어지거나 한다. 따라서 얼굴에 윤기가 감도는 운 좋은 사람이 되면, 좋은 정보와 인연 그리고 재물이 자연스럽게 모이게 된다.

윤기 있고 아름다운 머릿결

반들반들 윤기 나는 머릿결로 바꾸면 '신의 가호를 받기 쉬운 사람'이 된다. 즉 운이 좋아진다.

신은 빛을 발산하는 사람을 좋아한다. 신은 항상 하늘에서 사람들을 내려다보기 때문에, 빛나는 머릿결을 가진 사람이 눈에 잘 띄어 더 많은 도움을 줄 수 있기 때문이다.

머릿결이 푸석하면 운이 줄어들고 있다는 증거다. 머릿결의 윤기를 높여주는 샴푸와 린스를 사용하여 자신의 운을 높여주자!

여성들은 머리카락 끝을 둥글게 말아주기만 해도 연애운을 상승시킬 수 있다.

사랑의 신은 '바람에 흔들리는 것', '말려 있는 것', '묶여 있는 것'에 깃들어 있다고 한다. 머릿결을 바싹 마른 채로 내버려두지 말고, 정성을 들여 웨이브를 주고, 윤기 있고 아름다운 머릿결로 가꿔보자.

촉촉하고 부드러운 입술, 반짝이는 눈동자와 깨끗한 몸

인상학에서는 입술을 '생활력과 여성성의 운'을 강하게 나타내는 곳이라고 본다.

또 '애정을 받고 있는지의 여부'를 알 수 있는 곳이기도 하다.

입술이 촉촉하고 부드럽게 빛날 때 운이 더 따른다. 립스틱이나 립글로스를 이용하여 예쁘게 가꿔보자. 그렇게 하면 당신에게 매력을 느끼는 이성이 나타나기 시작할 것이다. 또한 다양한 형태로 애정을 받게 되면서 멋진 이성과 맺어질 기회가 많아질 것이다.

아울러 당신이 정말 즐겁고 생기 넘치는 삶을 살고 있다면, 반짝반짝 빛이 나는 아름다운 눈동자를 가진 사람이 되어 사람들과 신을 매료시킬 것이다!

눈동자의 빛은 미래의 빛으로써, 반짝이는 정도가 강할수록 운도 좋아진다.

아이돌 가수나 여배우들을 보면 모두가 보석처럼 빛나는 아름다운 눈동자를 가지고 있다. 반대로 눈동자가 흐리멍덩하거나 빛이 바래 있다면, 그 사람의 영혼은 지쳐 있다는 것이다. 그럴 때는 자신에게 부담이 되는 일, 기대에 어긋났다고 생각되는 일을 즉시 멈추고, 휴식을 취함으로써 자신을 구해야 한다.

당신의 마음이 다시 활기를 찾게 된다면, 눈동자도 다시 빛이 발하게 되고, 운도 상승하게 될 것이다.

그리고 심신이 피로하면 자연스럽게 몸 안에 좋지 않은 감정의 찌꺼기인 독소가 쌓인다. 당신의 운을 빼앗아가는 이런 나쁜 기운은 욕조에 어깨까지 몸을 푹 담가 피부의 모공이 열리도록 한 다음, 남김없이 배출시켜야 한다.

풍수지리학이나 불교에서는, 액땜은 '물이 있는 곳'에서 한다고 한다.

모공 속에 있는 나쁜 독소를 배출하여 몸을 깨끗이 하면, 운이 더 좋아질 것이다.

욕조 안에서 운을 불러오는 시간을 갖고자 하는 사람은, 소금을 욕조 안에 넣어서 입욕하면 좋다. 또 몸을 씻을 때는 위에서부터 아래로 씻어 내려가자. 이렇게 해서 몸에 달라붙었던 하루 동안의 더러운 것들을 부드럽고 산뜻하게 씻어내자.

등과 허리를 곧게 펴고 크게 심호흡을 한다

발바닥에서부터 흡수한 대지의 에너지는 일단 꼬리뼈 부근에 모인다. 그 후 시계 방향의 나선 모양으로 등을 돌아 상승하는 에너지가 되어 체내순환을 한다. 체내에 좋은 기운이 돌게 하고, 신체 내부에서부터 운이 트이게 하려면, 등과 허리를 곧게 펴야 한다. 앉아 있거나 서 있을 때나 항상 의식적으로 꼿꼿한 자세를 유지해보라. 이런 자세는 몸 안에 있는 여러 에너지를 원활하게 순환시켜주어 심신에 필요한 좋은 운을 불러오는 에너지로도 활발히 작용한다. 이렇게 되면 모든 것들이 당신을 중심으로 잘 해결되어 가는 것을 볼 수 있을 것이다.

항상 가슴을 펴고 꼿꼿한 자세를 유지해보자. 그러면 가슴이 열려 좋은 기운이 체내로 빨려들어 올 것이다.

가슴이 열리면 횡격막도 열리게 되어 횡격막 아래에 있는 필터 역할을 하는 에너지 막의 활동이 활성화된다. 이 에너지 막은 외부에서 들어온 나쁜 에너지를 걸러내어 체내에 좋은 기운만 흐르게 하여 운도 좋아지는 것이다.

아울러 하루에 몇 번쯤 크게 심호흡을 해보자.

크게 숨을 들이쉬고 내쉬는 것만으로도 유산소 운동이 되어, 막히기 쉬운 체내의 에너지 활동이 원활해진다.

사람은 운이 나빠지면 자신도 모르게 어깨를 움츠리고 구부정한 자세를 취한다. 심호흡을 크게 함으로써 자세를 바르게 잡고 운이 나빠지지 않도록 할 수 있다.

심호흡을 하는 것만으로 산소가 세포에 골고루 퍼져 신진대사도 원활하게 된다. 이를 통해 체내에 좋은 기운의 흐름이 생성되어 운이 좋아지게 되는 것이다. 운은 체내의 에너지 활동에 크게 작용하고 있는 것이다.

긴장된 근육을 풀어야 한다

어깨와 견갑골 결림의 여부에 따라 운의 상태를 알 수 있다. 예를 들어 너무 큰 슬픔은 당신의 가슴을 뚫고 등 쪽으로 옮겨가 머물게 된다. 혹시 슬픔 때문에 몸을 잘 움직일 수 없다면 가슴을 펴고 양팔을 돌려 견갑골을 움직여 보자. 그러면 등 쪽에 정체되어 있던 슬픔이 조금이나마 발산되게 된다.

또한 심한 어깨 결림과 통증이 올 때는 어깨의 힘을 **빼고** 편안하게 자신을 쉬게 해주자. 당신이 부담감을 덜어내는 순간 운과 인생이 원활해질 것이다.

긴장된 근육을 풀고 편안한 상태가 되면 체내의 기운과 모든 일이 풀려 좋은 일이 일어나게 된다. 근육이 굳어지면 좋은 기운과 힘이 파고들기 힘들어 좀처럼 체내로 들어올 수 없게 된다. 좋고 풍부한 기운과 자신을 되살리는 좋은 에너지는 편안하고 긴장이 풀려 있는 상태에서만 손에 넣을 수 있다.

좋은 기운을 받아들이고 좋은 운을 불러들이고자 한다면, 관절을 부드럽게 이완시켜보자.

근육과 뼈 사이에는 기운이 통하는 장소가 있다. 그곳의 근육이 굳어져 관절이 굳으면 에너지가 잘 통할 수 없게 되어, 에너지가 나쁜 기운으로 변해 정체하게 된다. 정체되어 막혀 있는 나쁜 기운은 심신을 지치게 하거나 악화시켜 병의 원인이 되기도 한다. 그렇게 되면 운을 높이는 에너지도 발생하기 어렵게 된다.

온몸의 힘을 빼고 손과 발을 자연스럽게 흔들어 유연한 몸을 만들어 보자. 기운이 잘 통하게 되면 모든 일이 순조롭게 잘 풀리게 된다.

아울러 심신을 건강하게 하고, 가지고 있는 나쁜 감정들을 정리하여 체내에 좋은 기운이 넘치도록 단전에 기운을 모아보자. 단전에 힘이 들어 있지 않은 사람은 걸음걸이도 올바르지 않을 뿐 아니라 모든 일에 차분히 몰두할 수 없다.

기운이 흐트러지면 좋은 생각을 할 수 없게 된다. 그러나 단전에 기운을 모으면 모든 사물을 파악 할 수 있게 된다. 배짱도 두둑해져 어떠한 일에도 당황하지 않고 정확한 판단력과 행동으로 모든 일을 처리하는 사람이 될 것이다.

또한, 단전에 기운을 모으면 힘이 충만해져 묘하게 금전운이 좋아지게 된다. 단전의 '기운' 은 금전운의 '기운' 이라고 생각해 두자.

폭음, 폭식을 피하고 과로하지 말아야 한다

폭음과 폭식을 피하고 편식하지 않도록 하여 매일 아침 배변을 원활히 보도록 하자.

에너지의 법칙에서는 불평불만을 내부에 많이 쌓아두는 사람은 변비가 되기 쉽고 몸이 붓거나 점점 더 살찌기 쉬운 상태가 된다고 말하고 있다.

즐거운 마음을 가지면 배변도 원활히 볼 수 있게 된다. 그러면 모든 일도 원활하게 풀리게 된다.

또한 피로를 적절히 풀고 과로하지 않게 하자.

운을 만드는 근본인 심신이 피로하다면 그때그때 적절한 방법을 통해 조치를 취하도록 하자.

피로에는 몸의 피로와 마음의 피로가 있다.

우선 몸의 피로를 먼저 풀도록 하자. 충분한 영양이 있는 것을 먹고 일찍 잠자리에 들어 숙면을 취하고 오랫동안 휴식을 취해

몸의 피로를 풀면 어느새 마음의 피로도 풀리게 되어 있다.

피로를 적절히 풀지 못해 '과로' 상태가 되면 정신적 에너지가 방전이 되어 회복하기 어렵게 된다.

정신마저 피로나 타격을 받으면 운이 좋아질 수가 없다. 스스로 항상 피로를 적절히 풀어 과로하지 않도록 하자.

입버릇처럼
좋은 말만 해야 한다

운이 좋은 사람이 되는 가장 간단하고 효과가 있는 방법은 항상 '나는 운이 좋아!' 하고 말버릇처럼 하는 것이다. 말은 모양이나 상태 즉, 어떤 현상을 만들어내는 파동이다.

당신이 하는 말을 귀와 머리 그리고 주위의 모든 것이 듣고 있다. 듣고 있다는 것은 단순히 소리뿐만 아니라 말의 파동이라는 에너지의 공명도 포함된다. 그렇기 때문에 당신이 긍정적인 말을 한다는 것은 운이 좋은 사람이 되어간다는 현상이 일어나기 시작한다는 의미이다.

'말하는 대로 운이 좋아지면 누가 고생하겠어.' 라고 말하는 사람은 말이 갖는 위력을 모르고 있는 것이다. 말은 항상 그 말에 어울리는 현상을 만들어내어 말한 대로 작용하게 된다.

'나는 항상 재수가 좋아.', '행운이다!', '오늘도 행복해.' 라며 어떤 일이든 아무리 사소한 것이라도 좋으니 입버릇처럼 말

137

해보자. 그렇게 계속 반복하여 말함으로써 더욱 더 재수 좋은 일, 행운으로 가득한 일, 행복한 일들이 점점 다가올 것이다.

결국 좋은 말은 좋은 울림이 되고 좋은 울림은 좋은 파동이 되어 그 에너지가 좋은 현상을 만들게 된다. 때문에 운이 트이게 되는 가장 쉬운 방법은 입버릇처럼 좋은 말을 하는 것이다 .

밝고 긍정적인 말과
좋은 말만 한다

당신은 그 말이 진심이든 농담이든 내뱉은 말에 스스로 책임을 져야 한다.

말에는 그 말이 가지는 고유 에너지와 이미지 그리고 감정이 있다. 따라서 말한 대로 이루어지게 된다. 그러므로 말해버린 후의 결과가 진짜가 되면 곤란해지는 말을 하지 않도록 주의할 필요가 있다.

운이 좋은 사람이 되고 싶다면 긍정적인 말투와 좋은 일을 기대하는 말투와 밝은 미래를 기대하는 말투를 사용하는 것이 좋다.

만나고 싶은 사람은 '만날 수 있다!'
손에 넣고 싶은 것은 '손에 들어온다!'
원하는 일은 '이루어진다!'

나는 '행복해질 수 있다!'

　내가 항상 운이 좋은 사람으로 사는 것은 '당연하다'는, 기쁘고 긍정적인 말을 사용하는 습관을 지녀야 한다. 그러면 정말 생각하는 대로 이루어져 좋은 운을 손에 넣게 될 것이다.
　그리고 앞으로 이루어지길 바라는 좋은 말을 해야 한다.
　상상만으로도 웃음이 나오는 즐겁고 좋은 일에 대해 말하는 습관을 들이도록 하자. 그러면 기쁘고 즐거운 일상이 다가온다.
　축복의 신은 즐거운 이야기와 웃음이 솟아나는 행복한 이야기를 좋아하기 때문이다.

긍정적인 이야기만 한다

행운으로 가득한 삶을 살고 싶다면 좋은 일이 다가올 것을 기대하면서 긍정적으로 말해보자.

'반드시 그렇게 될 거야!' 라고 말한 후에 '무리겠지만' 이라든가 '어차피 안 되겠지만' 이라는 부정적인 말을 한다면 모처럼 말한 좋은 말의 효과가 물거품이 되어버린다.

뭐든지 철저하게 처음부터 끝까지 긍정적인 말을 사용했을 때 효과가 확실하게 나오는 것이다.

운이 좋은 사람이 되고 싶다면 긍정적으로 말하는 것이 중요하다. 그러면 점점 좋은 일도 찾아오게 되는 것이다.

그리고 마음속에 가지고 있던 꿈과 이루어지길 바라는 소망 같은 좋은 일은 다 말하자. 그 말을 마음속으로 이야기해 보거나 다른 사람들에게 이야기를 하거나 노트에 적어보면서 자신의 소망을 마음 밖으로 드러내보자. 그러면 마치 에너지가 채워져 기계가 움직이는 것처럼 당신 안의 자동 실현 장치가 작동하기 시작할 것이다.

우주(잠재의식)는 언제든지 당신이 단언하는 태도로 말하면 강하게 반응하여 확실히 그것이 이루어진다.

아울러 이루고 싶은 이상이 있다면 평소에도 꾸준히 그 이상에 대해서 말해보자. 이상을 말함으로써 스스로 인식하게 되어 이미지가 더욱 확고해지고 사실적인 미래가 된다. 즉, 이상은 당신의 마음속 스크린에 선명하게 비춰져 마치 영화를 보듯 현실 속의 스크린에도 비춰지게 되는 것이다.

'우연히 이런 사람과 만나고 싶다.', '이런 일을 하고 싶다.', '이런 꿈을 이루고 싶다.' 라고 망설이지 말고 자신의 이상을 말로 표현해보자. 이상이 나의 목표가 되고, 목표가 형태가 되는 것이다.

금전운을 부르는
색깔을 알아야 한다

중국에서는 '금색은 돈을 부르는 색' 이라고 말한다. 금전운을 부르기 위해 금색의 소지품과 인테리어 제품을 많이 사용하고 있다. 금전운을 더욱 상승시키고 싶다면 금속부품이 붙어 있는 지갑이나 금색 통장서랍이나 금고 등을 사용해보자. 금전운은 한번 붙으면 계속 높아지고 늘어나는 성질을 갖고 있기 때문이다.

시간은 돈이라는 말도 있듯이, 가치가 있는 시간을 재는 시계도 금색이 배합된 것을 사용하면 금전운이 상승하게 된다.

또한 금전운의 신에게 감사를 표할 때 사용된 붉은색을 가까이 두면 돈에 얽매이지 않게 된다.

에너지 연구에 의하면, 금전운은 머리와 중추 사이의 차크라 (요가에서 생명의 에너지가 존재한다고 하는 등뼈 주위에 있는 9 또는 5개의 점-역자)와 관계가 있으므로 목걸이 등 목 부분에 걸치는 것을

은이나 백금보다 금으로 하면 여러모로 돈이 들어오게 된다고
한다.

그리고 개인의 능력을 향상시키거나 지위나 명예 그리고 재산
운을 높이고 싶다면 밝은 베이지색의 옷을 입거나 금색과 베이
지색이 섞인 장식품을 집의 북서쪽에 놓아두면 좋다. 그렇게 하
면 성공이 다가와 재물이 쌓이게 된다.

특히 지갑을 베이지색에 금색이 섞인 황색 계통의 컬러를 사
용하면 금전운을 불러올 뿐 아니라 재능을 크게 꽃피울 수 있게
된다. 또한, 이 색은 사업운도 상승시켜 편안한 생활을 누릴 수
있도록 해준다.

뿐만 아니라 연애운을 높이고 싶다면 핑크계열을 사용해보자.
메이크업이나 매니큐어, 소품과 속옷 그리고 인테리어 등에 사
용하면 좋다.

핑크는 자궁을 상징하는 색으로, 모성과 여성성을 나타내기
때문에 당신의 매력을 크게 돋보이게 해준다. 그러나 너무 화려
하고 진한 핑크는 사랑의 운을 흐트러뜨리기 쉬우므로 연한 핑
크를 적당하게 잘 사용하도록 하자.

액땜할 때 사용하는 색깔과 행운의 배색을 알아야 한다

모든 것을 정화할 때에는 '흰색을 사용' 하는 것이 철칙이다.

하고 있는 일이 예상과 어긋날 때는 속옷을 모두 흰색으로 바꿔보자. 옷도 흰색을 기본으로 입고 몸과 마음을 정갈히 해보자. 두부, 우동, 무, 참마 등 흰색 식품을 먹는 날을 갖는 것도 좋다.

액땜하고 싶은 마음이 들 때에는 정사각형의 새하얀 접시에 굵은 소금을 조금 담아 동북과 남서 두 방향에 놓아두면 곧 일이 수습되어 안정된 운으로 돌아온다.

그리고 행운의 배색을 알아야 한다.

색과 색을 섞으면 원색일 때의 에너지보다 더욱 강한 에너지가 발생한다. 이런 힘이 필요할 때는 그 행운의 배색을 이용하자.

하고 있는 일을 성공시키고 싶고, 최고가 되고 싶을 때는 '붉

은색과 금색'을 섞어서 사용해보자! 생각대로 힘과 명예와 승리를 얻을 것이다.

장밋빛 인생을 원할 때는 '핑크와 황색' 혹은 '핑크와 금색'을 섞어서 사용해보자! 이 색은 정신과 물질, 두 가지가 모두 이루어지는 최고의 행운의 색이다.

재테크에 성공하고 싶을 때는 '금색' 또는 '금색과 백금색'을 섞어서 사용해보자. 확실하게 돈을 끌어당겨 크게 모을 수 있게 된다. 이 색은 상당히 힘과 개성이 있는 색이므로 하나의 색을 사용하는 것만으로도 행운을 얻을 수 있다.

원형과 삼각형과 사각형과 소용돌이

이 세상에 있는 모든 형태는 원형과 삼각형과 사각형을 기본으로 하고 있다. 다른 형태는 이것들이 알맞게 나뉘어져 있는 것이다. 이러한 형태가 갖는 그 나름의 의미를 알고 이용한다면 원하는 에너지를 얻을 수 있다.

원형은 모든 것을 원활하게 성취시켜 준다는 의미를 가지고 있다.

삼각형은 하늘에서 에너지를 확실하게 받아들인다는 의미이며, 사각형은 당신이 바라는 것을 확실한 형태로 만들어 준다는 의미이다.

특히 삼각형은 독특한 에너지를 발생시키는데, 역삼각형과 삼각형을 합쳐서 ✡의 형태로 만들면 당신의 생각이 하늘에 닿아 소망이 이루어진다고 한다.

그리고 오른쪽 방향으로 도는 소용돌이(시계방향으로 돌아가는 소용돌이)는 행운을 가져온다고 한다.

인테리어 제품과 소지품 등에서 이런 나선 형태를 발견한다면 잠시 옆에 놓아두자.

반대로 왼쪽으로 돌아가는 에너지는 당신의 에너지를 뺏기 쉬우므로 함부로 옆에 두지 않도록 하자. 형태 에너지는 중심과 형태에서 발생하는 에너지로, 당신에게 어느 정도 영향을 주기 때문이다.

모나리자처럼 웃는 얼굴을 한다

아름다운 모나리자의 미소가 많은 사람들을 매료시키듯 친절하고 품위 있는 미소는 사람들의 마음을 편안하게 풀어주어 늘 곁에 있고 싶은 마음이 들게 된다.

사람을 말없이 끌어당기는 사람, 항상 평온하고 친절하게 웃는 사람에게는 적이 없다.

거기에는 설명도, 설득도 필요 없다. 단지 사람들을 끌어당기는 기운만이 있을 뿐이다. 때때로 가만히 있으면 찌푸린 얼굴이 되거나 무서운 얼굴이 되는 사람들이 있다. 이런 사람들은 무의식중에도 마음속의 상태를 나타내버린다.

자신의 얼굴은 결코 실제로 볼 수가 없다. 거울을 통해서만 볼 수 있다. 이 말은 '얼굴은 남에게 보여주기 위해 있는 것' 이라는 의미로, 자신이 지금 어떤 얼굴을 하고 있을까를 상상할 필요가 있다는 것이다. 얼굴은 그 당시의 운이 어떤지를 알려주는 척도

이기 때문이다.

항상 기분이 좋은 사람 주위에는 밝은 화제, 즐거운 사건, 좋은 이야기가 있기 마련이다. 기분이 좋다는 것만으로 좋은 에너지가 흘러넘치기 때문에 그것을 감지한 좋은 기운들이 더욱 다가오는 것이다.

서두르지 말라,
그러나 남보다 뒤처져서는 안 된다

몹시 서두르며 '내가 먼저!' 라는 태도를 보이는 사람은 스스로 '나는 항상 부족한 존재다.' 라는 마이너스 이미지를 남에게 알리고 있는 것과 같다.

무엇이든지 서두르지 않고 일을 하면 마음이 차분해져 행동이 정돈되고 인상도 좋게 된다. 따라서 거기서 나오는 여유로 결국 좋은 결과가 자연스럽게 생겨나게 되어 운이 좋은 사람이 되는 것이다.

그러나 너무 서두르는 것도 좋지 않지만 뒤처지는 것도 좋지 않을 때가 있다. 주위의 움직임이 빠를 때에는 모든 일의 운이 빨라지는 때이다. 운의 흐름이 다가오면 자연스럽게 주위의 템포가 활성화 된다. 그럴 때 자신만 천천히 느긋하게 움직이고 있다면 운이 먼저 가버린다. 주위의 움직임과 흐름을 보고 그에 따라 보조를 맞추면 확실하게 행운을 얻을 수 있게 된다.

흐름을 타는
타이밍을 보아야 한다

운이 큰 행운의 흐름을 가져올 때 갑자기 모든 것들이 활발히 움직이기 시작한다.

어떤 가수가 자신의 곡이 히트할 조짐이 보이기 시작했을 때의 일을 이렇게 말했다고 한다.

'갑자기 주위가 소란스러워지고 갑자기 모두가 몹시 서두르기 시작하여 나의 움직임도 활기를 띠게 되었다. 그리고 갑자기 점점 큰일들이 들어오기 시작해 그때부터 눈이 팽팽 돌 정도로 바쁜 나날을 보내게 되었다. 그때 엄청난 히트를 치게 된 것이다! 그때까지의 나는 히트곡이 없어 히트를 친다는 것이 어떤 것인지 알지 못했고 인기가 있다는 것이 어떤 상태인지를 알지 못했다. 그렇기 때문에 이미 세상에 나와 큰 성공을 거두고 있는 스타가 어떤 나날을 보내고 있는지 상상도 하지 못했다. 그러나 그때 알게 되었다. 모든 행운의 문이 열렸을 때 단숨에 주위도 자

기 자신도 굉장한 파워와 스피드로 움직이기 시작해 뭐가 뭔지 모를 정도의 운의 흐름이 온다는 것을!'

당신이 하고 있는 일이 성과를 나타낼 때는 반드시 커다란 흐름이 다가 온다. 그때야말로 '지금이다!' 라고 흐름을 타서 전진할 때이다.

그 흐름을 탄다는 것은 자신도 빠르게 움직이고 있다는 것이다. 참고로 빠르게 움직이는 것과 몹시 서두르는 것은 다르다. 빠르게 움직여 운을 잡을 때는 몸은 바쁘지만 두근거리고 설레어 지치지 않는다. 그러나 서두를 때는 초조하기만 할 뿐 몸과 마음이 모두 지쳐버리는 것이다.

흐름의 방향을 파악해
여유로운 태도를 보여야 한다

운이 좋아지면 조금 바빠진 생활 가운데에서도 활기차게 보내게 된다. 그 리듬에 보조를 맞추어 쾌활하게 움직이자. 그러면 운은 좋은 흐름을 만들어 행운을 끌어당기게 된다.

'좋은 흐름이 왔다.' 라는 생각이 든다면 그 즉시 흐름에 따르자.

좋은 흐름은 좋은 장소에서 나오게 되어 있다. 흐름은 항상 당신에게 어울리는 장소로 데려가 준다. 좋은 흐름이 다가오면 '기쁨', '즐거움', '설렘'이 느껴져 일에 흥미를 느끼게 될 것이다.

그러나 만일 '이상하다.' 라든가 '의도하지 않는 방향으로 가고 있다.'고 느껴진다면 멈춰 서서 상황을 바라보는 습관을 들이자.

운을 지키려면 운이 이상한 방향으로 흘러가도록 놔둬서는 안

된다. 의도치 않는 방향으로 일이 진행되는 것을 '이 정도는 괜찮겠지.' 라고 넘겨서는 안 된다. 그렇게 작은 일들을 넘기면 큰 후회를 부를 수 있기 때문이다.

운을 지키는 것이 중요하다는 것을 알고 있는 사람은 마음에 걸리는 작은 신호도 결코 무시하지 않는다.

그리고 항상 여유로운 태도를 보여야 한다.

항상 안정된 태도를 보여주는 것은 모든 일을 느긋하고 운 좋게 추진시키는데 결정적인 역할을 한다.

사람은 타인의 여유를 보고 안심하는 동물이다. 그러므로 자신과 관련된 사람의 여유로운 태도에 안심하고 신뢰하여 일에 동참하게 되는 것이다. 무슨 일이 있을 때마다 운이 좋은 사람은 여유로운 태도로 사람을 끌어당겨 모든 것을 손에 넣는다.

My Note

2장

패션, 상품,
인테리어로
운이 좋은
사람이 된다

몸에 걸치는 것, 옆에 놓아두는 것으로

행운을 불러들인다

검정색으로만
치장해서는 안 된다

항상 옷을 검정색으로만 입으면 운기가 활성화되기 어렵다. 검은색은 품격과 예절, 그리고 중후한 느낌을 나타내지만 자칫 잘못하면 무거워지기 쉬운 경향이 있다. 때로는 밝은 색도 함께 매치하여 운기를 부드럽게 움직여 보자.

풍수학에서는 '검정색 옷만 입는 여성은 연애와 결혼 운이 낮아지기 쉽다.'고 말하기도 한다. 여성은 항상 그 장소를 밝히는 꽃과 같은 존재로 있어야 연애에 좋은 운을 부르게 되는 것이다.

여성의 운을 좋게 만드는 비결은 '꽃과 같은 여자'가 되는 것이다.

꽃과 같다는 것은 그 사람이 그곳에 나타나는 것만으로 주위가 밝아져 모두를 기쁘게 해준다는 의미이다. 즉, 꽃처럼 밝게 웃는 얼굴, 꽃처럼 예쁜 색의 옷, 꽃처럼 우아한 말씨와 분위기

를 지닌 사람이라는 것이다.

　여성은 칙칙하고 어두운 색을 입으면 운이 좋아지기 어렵다. 에너지도 칙칙한 색을 많이 입으면 낮아지기 쉽게 된다. 맑고 밝은 꽃과 같은 기운으로 산뜻하게 운을 높이자.

빛처럼 반짝이는 것을
가까이 한다

운이 좋은 사람들은 아이보리, 흰색, 베이지 그리고 반짝이는 소재의 옷을 자주 입기 시작한다.

사람은 생체 에너지를 끌어올리기 위해 가벼운 것, 밝은 것, 눈부신 것을 자연스럽게 고르게 되어 있다. 지금 운이 좋지 않다고 느끼는 사람은 지금 바로 반짝이는 소재의 옷을 입도록 해보자. 그러면 점점 운이 좋아지게 될 것이다.

행운의 여신의 가호를 받아 좀 더 운을 좋게 하고 싶다면 반짝반짝 빛나는 것, 빛을 내뿜는 것을 몸에 지니도록 하자.

빛은 예로부터 액과 재앙을 떨쳐내고 행운을 끌어당기는 마법의 효과가 있는 것이라 여겨왔다. 또 우주학적으로 보아도 빛이라는 존재는 고차원적 에너지로 우주의 에너지를 풍부하게 받는 역할을 하고 있다.

예를 들면 반짝반짝 빛나는 다이아몬드,

아름다운 광택을 내는 진주,

금과 백금의 액세서리,

라메와 진주가 들어간 패션,

반짝반짝 빛나는 입자가 들어간 펄 메이크업,

스팽글이 붙은 옷과 소지품 등 좋아하는 것을 갖는 것만으로 즉시 운이 좋아지는 것을 볼 수 있을 것이다.

다시 한번 강조하지만 최고로 좋은 운을 만들기 위해서는 반짝이는 물건을 항상 옆에 놓아두어야 한다. 예를 들면 목걸이나 귀걸이 또는 반지 같은 소품이나 반짝이는 소재를 사용한 양복을 입는 것도 좋다. 반짝이는 것은 나쁜 기운을 없애고 행운을 부르므로 항상 몸에 지니도록 하자. 그러면 외부에서 들어온 좋지 않은 에너지가 없어질 것이다.

혹시 반짝이는 것을 몸에 지니고 싶지 않은 사람은 항상 핸드백 속에 작은 손거울을 넣어두자. 사람과 만나기 전에 거울을 보며 자신의 얼굴을 비쳐보는 것으로 미리 빛을 얼굴에 비춰두어 그때의 운을 지키게 한다.

또한, 외출한 장소에서 왠지 좋지 않은 기분이 들거나 무언가 조짐이 좋지 않다면 그 장소에서 거울을 열고 가만히 발치와 주변의 공간을 비춰보자. 그 즉시 빛의 효과로 나쁜 기운이 제거될 수 있다(결코 다른 사람의 얼굴에 거울을 비춰서는 안 된다).

힘을 주는 행운의 물건과 화려하고 호화스러운 것

잡화점이나 옷가게, 서점 등에 갔을 때 문득 어떠한 물건에서 '힘이 느껴진다.'는 생각이 드는 물건은 틀림없이 당신에게 힘을 주는 행운의 아이템이다. 즉시 구입하도록 하자.

어떤 물건에서 좋은 일이 일어날 것 같은 느낌이 든다면, 반드시 그 느낌은 현실이 된다. 좋은 인상은 좋은 이미지가 되어 그에 따르는 감정을 발생시켜 원하는 대로 이루어주는 작용을 하는 것이다.

또한 인테리어든 소지품이든 무엇이든 옆에 두는 것만으로 기쁨을 주는 것은 무조건 당신의 에너지를 높여줄 것이다.

즐거움과 기쁨이라는 감정은 생체 에너지를 높여주어 행운을 부르는 작용을 한다. 즉, 기쁨을 주는 사람은 그것만으로 행운과 행복이 자연스럽게 들어오는 것이다.

그리고 '화려한 것은 싫다.'고 생각하는 사람도 있지만 '화려한 것이 너무 좋다.'고 생각하는 사람도 있다.

운이 좋아지는 관점에서 보면 '화려하고 호화로운 것은 행운을 부르는 것'이다. 예를 들면 진언 밀교(7세기 후반 인도에서 성립한 대승 불교의 한 파-역자)에서는 우주를 상징하는 대일여래(진언밀교의 본존-역자)와 관음보살 등 부처님과 신은 반짝반짝 빛나는 금빛으로 만들어져 있다. 그리고 축제를 할 때에도 화려한 제물을 올려 신에게 기원을 드린다.

화려하고 호화로운 것은 신을 기쁘게 하는 것으로 여기는 경우가 많다. 신이 기뻐하면 기쁨의 표시로 행운을 내려주는 것이다. 화려하고 호화로운 것을 몸에 걸치거나 방에 장식해두는 것도 운을 좋게 하는 훌륭한 방법이다.

금은 예로부터 영원한 부의 상징으로 전 세계의 많은 사람들이 금 발굴에 목숨을 걸었다.

금은 금을 부른다 하여 중국에서는 장식으로도 많이 사용되고 있으며 유럽 등에서도 궁전을 금으로 끊임없이 장식해왔다. 즉, 금 그 자체가 부와 힘의 상징이며 모든 것을 손에 넣을 수 있는 최고의 것으로 여겨지고 있는 것이다.

한편 금은 명상법에도 사용되어 당신의 인생과 운에 많은 영향을 주기도 한다.

좋지 않은 일은
바로 잊어야 한다

운이 좋은 사람은 일의 전환이 능숙한 사람이다. 그런 사람은 좋지 않은 일이 있어도 그 일을 금방 잊고 새롭게 기분을 전환하여 다른 일을 시작한다.

좋지 않은 일을 언제까지나 생각하고 있으면 좋지 않은 에너지의 찌꺼기가 몸 안에 남아 굳어져 버린다. 그렇게 되면 굳어져 버린 내부 에너지가 외부 에너지에도 영향을 끼쳐 모든 일이 정체되고 굳어지게 된다.

운 좋게 일을 진행시키기 위해서는 좋지 않은 일은 바로 잊는다는 태도가 중요하다.

세상을 살아가다 보면 '운이 좋다.'고 말하는 사람도 때로는 싫은 일과 슬픈 일, 손해를 보는 일 등 상처 입는 일들이 있게 마련이다.

운이 좋은 사람은 필요 이상으로 침울한 감정에 빠지지 않는

다. 그런 사람은 감정을 전환하려는 지속적인 노력을 통해 현재의 좋지 않은 기분에서 벗어난다. 마음의 전환이 능숙한 사람은 에너지의 전환도 능숙하다.

운이 좋은 사람은 무슨 일이나 항상 운이 좋은 방향으로 흐름을 돌리는 것을 잘한다. 그렇기 때문에 항상 운이 좋은 사람으로 있는 것이다.

마음이라는 마법의 에너지

　항상 보다 좋은 것을 목표로 하는 사람, 보다 높은 수준을 추구하는 사람은 운을 좋게 만들어갈 수 있는 사람이다.

　자신의 마음을 조절할 수 있는 사람은, 상승 에너지를 품고 있는 사람이기 때문에 운이 좋아지는 것은 당연한 일이다.

　예를 들어 발걸음을 가볍게 하면 운도 경쾌하게 움직이기 시작한다. 운은 '옮긴다.'는 글자에서 생겨났다. 즉, '일의 진행' 상태에 따라 모든 것이 변하는 것을 의미한다.

　몸을 바로, 빨리, 가뿐하게 움직일 수 있는 사람은 그대로 바로, 빨리, 가볍게 운을 손에 넣을 수 있다. 몸이 무겁고 무엇을 하든 늦는 사람은 움직임도 둔해지기 쉬워 모든 일에 영향을 끼치게 된다.

　운이 좋은 사람은 무슨 일에든 빠르게 대응하는 사람이 많다. 따라서 발걸음이 가벼운 사람은 여러 가지 면에서 누구보다 쉽

게 행운을 손에 넣을 수 있는 것이다.

사람은 마음이 가는 쪽으로 움직이게 되어 있다. 마음은 사람을 어떤 방향으로도 움직이게 하는 마법의 에너지를 갖고 있다. 행운을 얻기 위해 마음이라는 마법의 에너지를 사용하면 그에 어울리는 행동과 말을 하게 된다.

어둠 속에서도 빛을 발견하는 사람이 되어야 한다

캄캄한 어둠 속에서는 아무것도 보이지 않는 법이다. 어느 쪽으로 가야 할지 모르게 되고 움직일 수도 없게 된다. 그러나 암흑 속에서도 '살아남고 싶다! 무슨 일이 있어도 여기에서 나가고 싶다! 출구는 반드시 발견할 수 있을 것이다.' 라는 희망을 갖게 되면 빛이 비치게 된다.

희망을 버리지 않은 사람에게는, 어둠 속에서 당신을 부르는 소리나 작은 빛과 같은, 희망이 나타나게 되어 있다. 운이 좋은 사람은 어둠을 모르는 사람이 아니라 어둠 속에서도 희망을 잃지 않고 희미한 빛을 기회로 삼아 결국 출구를 발견하는 사람이다. 어두운 상태에서도 결코 포기하지 않는 사람인 것이다.

좋은 일을 찾으려 노력해야 한다

좋은 일을 찾는 것에 집중하게 되면 행운이 당신을 향하게 된다. 무엇이든 마음에 두고 있는 것은 결국 당신에게 다가오게 되어 있다.

운이 좋은 사람은 의식적으로 좋은 일이 자신에게 다가오게 하는 마음의 준비를 항상 하고 있다.

인간영향심리학에 의하면, 당신이 기뻐하는 모습을 본 사람은 당신이 더욱 기뻐하는 모습을 보기 위해 노력한다고 한다. 왜냐하면 당신에게 기쁨을 줌으로서 자신이 당신에게 중요한 사람이라는 생각을 갖게 되기 때문이다.

항상 기쁨이 넘치는 삶을 사는 사람은 감동도 잘 받는 사람이기 때문에 좋은 일이 있을 때마다 기쁨을 솔직하게 표현한다. 그러한 모습이 사람들을 기쁘게 해주기 때문에 즐거운 일이 연달아 들어오는 것이다.

기쁨을 모토로 하면 그것만으로도 모든 사람과 일로부터 행운
을 누릴 수 있게 되는 것이다.

화를 극복하면
행복의 길이 열린다

사람들은 즐거운 일에 참여할 때 자발적으로 움직인다. 마음이 움직이면 몸도 쉽게 움직일 수 있게 되어, 즐거우면 즐거울수록 그 일이 잘 돌아가게 된다.

즐거움이라는 것은 노력을 하지 않았는데 무엇인가를 얻은 것 같은 성취감을 가져다주기 때문에 운 좋게 좋은 결과를 얻은 것 같이 느끼는 것이다. 이것에 비추어 보았을 때 모든 것이 자연스럽게 잘 이루어지게 된 것은 당신이 즐겁게 일해 왔기 때문인 것이다. 운이 좋은 사람은 무엇이든 즐겁게 일을 처리하는 가장 좋은 방법을 알고 있다.

그럼에도 불구하고 운을 어지럽히는 가장 큰 원인은 대부분 화라는 감정에너지이다. 화를 크게 쌓아두면 애물단지가 된다. 운이 좋은 사람으로 살고 싶다면 자신이 나름대로 화를 쌓아두지 말고 능숙하게 해소하는 방법을 갖는 것이 좋다. 불교에서도 화를 극복할 수 있으면 깨달음을 얻으며 행복의 길이 열린다고 말할 정도이다.

그 방법의 하나로 혼자만의 고독한 시간은 자신의 마음과 대화를 할 수 있는 좋은 기회이다.

사람은 누구나 항상 자신이 좋은 방향으로 나아가기를 원한다. 외부와의 접촉을 차단하고 진정한 마음의 소리에 귀를 기울여보자. 운이 좋은 사람은 고요함 속에서 행복의 씨앗을 발견하는 것에 능숙한 법이다.

3장

좋은 환경에서
좋은 운이
나온다

지금 있는 장소를 깨끗하게 하여

항상 좋은 기운을 받아들인다

집 안의 공기를 환기시키고
침구를 바꾸자

　모든 일의 움직임과 인간관계 그리고 집 안 공기가 왠지 무겁고 흐리다면 즉시 모든 방을 환기시켜야 한다. 창문과 문을 열고 환풍기를 돌려 무거운 에너지를 밖으로 내보내고 신선한 공기를 채워 넣자. 바람이 통하여 답답했던 공기가 맑아지면 머지않아 모든 일이 상쾌하게 움직이기 시작할 것이다. 운이 좋은 사람은 답답한 것을 바로 알아차리는 반면, 운이 나쁜 사람은 그 답답한 감각조차 느낄 수 없게 되어버린다. 그러므로 항상 방도 마음도 환기를 시키는 습관을 들여야 한다.

　그런데도 왠지 운이 정체되어 있는 것 같다면 마루를 물걸레질해보자. 왜냐하면 무겁고 어두운 운은 방의 아래쪽에 쌓여 버리기 때문이다. 그럴 때는 걸레를 담아놓는 바구니에 약간의 굵은 소금을 넣은 물을 사용한다. 그러면 마루에 쌓여 있던 운을 정체시키는 원인이 되었던 생각, 에너지, 나쁜 기운이 제거될 것

이다.

뿐만 아니라 하고자 하는 일에서 돋보이고 싶거나, 운 좋게 그일을 이루고자 한다면 신발장을 정리해보자.

구두는 재능, 꿈의 길, 인생을 걷는 것을 상징하는 것으로 신발장은 그것을 품고 있는 생각의 자세를 나타낸다. 필요 없는 것을 처분하거나 깨끗하게 정리하면 참신한 생각이 떠오르거나 재능이 발휘되기 쉬운 환경으로 바뀐다. 또 갖고 싶던 멋진 구두를 사면 새로운 재능이 꽃피게 되고 새로운 운도 열리게 될 것이다.

그럼에도 불구하고 왠지 기운이 안 나거나 우울할 때는 좋아하는 꽃을 방에 장식해보자. 생화에는 생기가 머물러 있으므로 에너지로 작용한다. 운은 당신의 기운이 회복됐을 때 함께 좋아지도록 움직이고 있다.

또한 생각처럼 운이 풀리지 않거나 좋지 못한 쪽으로 흐르는 것을 막고 싶을 때, 삶을 처음부터 다시 시작하고 싶을 때는 지금 덮고 자는 이불과 베개를 모두 새로운 것으로 바꿔보자. 그러면 바뀐 에너지 덕분으로 운이 급격하게 향상될 것이다. 즉, 멈춰 있던 운이 좋은 방향으로 움직이기 시작하게 되는 것이다. 베개를 바꾸면 미처 생각지 못했던 발상이 나오거나 전혀 다른 관점으로 모든 일을 보는 계기가 생겨 좋은 운의 흐름을 가질 수있게 된다.

물과 금전운은
매우 밀접하게 연관되어 있다

집에서 물을 쓰는 곳으로는 주방이나 욕실 세면대, 욕조, 변기 등을 들 수 있다. 그런데 이런 곳이 막히면 그 집에 살고 있는 사람의 금전운이 탁해지고 침체되기 시작한다.

집 안의 어디가 막히는가에 따라 영향을 받는 금전사정은 제각기 다르다.

예를 들어 변기가 더러워 잘 막히면 그 집에 들어올 돈(그것도 식구들을 먹여 살릴 주 수입원)이 피해를 입는다.

또 주방의 배수구가 막혀 물이 잘 빠지지 않을 때에는 예기치 못한 일로 나가는 돈이 늘어난다. 그리고 욕조의 물이 잘 빠지지 않으면 가족의 건강과 관련된 일로 지출이 늘어난다.

또 세면대가 막히면 대인관계로 인해 돈이 줄줄 새어나간다.

이렇듯 물과 금전운은 매우 밀접하게 연관되어 있다. 그러니 항상 깨끗하게 관리해 물이 시원하게 빠지도록 하는 것이 중요

하다.

물이 시원하게 잘 빠져나가면 그것은 즉시 돈이 들어오는 흐름으로 바뀔 것이다.

좋지 않은 느낌이 오는 장소는 피해야 한다

지나고 싶지 않은 길과 지나다닐 때마다 기분 나쁜 길, 친구가 불러도 왠지 가고 싶지 않는 장소, 전부터 기분이 좋지 않았던 장소에는 가지 않도록 해야 한다. 왜냐하면 가고 싶은 마음이 들지 않는다는 것은 무언가가 있다는 증거이고 그곳으로 가지 말라는 사인이기 때문이다.

좋은 환경을 만들기 위해 아무리 노력해도 운을 나쁘게 하는 좋지 않는 에너지가 있는 장소에 간다면 그 기운을 막을 수가 없다. 운을 지키기 위해서는 감각적인 느낌도 도움이 된다는 것을 알아야 하며, 더불어 좋은 감각과 나쁜 감각을 확실하게 알아차릴 수 있어야 한다.

만일 집 안에서 '마음에 걸리는 장소'가 있다면 그 원인을 파악하여 그것에 대처해야 한다.

마음에 걸린다는 것은 그 장소에서 무엇인가 사인을 보내고

있는 것이다.

예를 들어 '전부터 이곳은 한번 청소해야겠다.'고 생각한 장소를 청소해보니 잊어버리고 있었던 중요한 인감이나 반지 등을 찾게 됐다거나, '너무 신경 쓰여서 견딜 수 없던' 장소를 정리를 하고 나니 개운해짐을 느끼게 되는 것처럼, 뭔가 목적을 이루게 되는 경우도 있다. 그러므로 운이 좋은 사람은 사소한 것을 무시하지 않는다.

인사는 자신이 먼저 하고
선입견을 품어서는 안 된다

기분 좋은 인사를 먼저 할 수 있는 사람은 그것만으로 행운의 문을 상대보다 먼저 연 것이다. 이는 눈앞의 상대에게 소리를 먼저 냄으로써 자신의 에너지 진동이 상대의 영역에 전이되어 주위를 에워싸게 되기 때문이다.

상대는 당신의 에너지 톤에 맞춰 대응을 하기 때문에 밝고 산뜻하고 쾌활하게 인사를 먼저 하는 것이 중요하다. 상대가 이쪽의 톤에 맞춰준다는 것만으로 보통 모든 일이 순조롭게 진행되는 경우가 많아 운은 자연스럽게 흐를 수 있게 되기 때문이다.

그리고 커뮤니케이션으로 운이 좋아지는 비결은 누구와 만났을 때도 선입견을 갖지 않는 것이다. 선입견을 가지고 상대를 보면 상대와의 관계를 보다 좋게 하려는 에너지에 장해를 가져오게 된다. 당신이 상대방에게 아무런 선입견을 갖지 않으면 않을수록 상대와의 사이에 좋은 운이 흐르게 될 것이다.

운이 나쁜 사람을 피해야 한다

운이 좋은 사람과 함께 있으면 약간의 노력만으로도 일이 순조롭게 진행되거나, 항상 일이 잘 풀리는 등 모든 일이 좋게 바뀌기 쉽다.

운이 좋은 사람은 밝고, 긍정적이며, 자발적으로 모든 일에 참여하여 감정의 응어리를 거의 갖고 있지 않다. 따라서 인간관계나 일, 그리고 그 외의 모든 일이 순조롭게 진행되기 쉽기 때문에 운이 좋은 사람이 되는 것이다. 또 운이 좋은 사람은 자신과 같이 운이 좋은 사람들과 유기적인 관계를 맺고 있기 때문에 점점 더 운이 좋아지게 되는 것이다.

한편 운이 나쁜 사람과 함께 있으면 좋지 않은 영향을 계속 받게 된다. 운을 좋게 하는 것과 높이는 것도 중요하지만 '지금 있는 운을 지키는 것'도 중요하다.

운이 나쁜 사람과 있으면 무엇을 해도 일이 어긋나버려, 그 사람과 함께 무엇을 할 때마다 좋지 않은 결과로 이어지거나, 왠지 모르게 항상 그 사람의 뒤치다꺼리만을 하게 되는 일이 몇 번이나 계속되는 경우가 많다.

운이 나쁜 사람은 대개 부정적인 사고를 갖고 있어 감정의 처리가 능숙하지 않아 무슨 일이 있을 때마다 안 좋게 받아들이는 버릇이 있다. 그런 내부 에너지가 외부현실에도 장해를 가져와 운이 나빠지게 된다.

무리하게 강요해서는 안 된다

커뮤니케이션으로 운이 좋은 사람이 되기 위해서는 남에게 무리하게 강요하지 않아야 한다. 예를 들어 당신이 원하는 것을 상대에게 무리하게 요구를 했다고 가정해보자. 당시에는 당신의 요구를 거절할 수 없어 무리하게 그것을 받아들인다 해도 강요받은 사람의 마음속에는 당신에 대한 좋지 않은 인상과 당신을 피하고 싶은 마음만이 남아 있을 것이다. 그리고 상대방은 당신과 커뮤니케이션을 하는 것을 더 이상 원치 않게 될 것이다. 이것이 인간영향심리학이다.

사람은 무언가를 강요받으면 분노와 거짓된 마음만 남는다.

'당신이 하고 싶은 대로 해.', '당신 마음대로 행동해도 괜찮아.' 하는 자유로운 분위기 속에서 처음으로 그 상대에 대해 'Yes' 라고 응하고 싶어지는 것이다.

자신이 하기 싫은 일은
남에게도 시켜서는 안 된다

자신이 하기 싫은 일은 남에게도 시키지 않는 것이 운을 지키는 요령이다. 예를 들어 악의를 가지고 상대방에게 안 좋은 일을 시켰다고 가정해보자. 나중에 그 일을 후회해도 상대방은 안 좋은 일을 시킨 당신과의 관계에 선을 긋게 될 것이다. 또 상대방에게 뭔가 안 좋은 일을 당했을 때에도 복수하지 않아야 한다. 좋지 않았던 일을 똑같이 되돌려주면 똑같은 인간이 되어, 안 좋은 관계의 수렁에서 빠져나올 수 없게 된다.

상대가 어떻게 하든 간에 자신이 당해서 싫은 일은 남에게도 시키지 않는다는 태도를 가지고, 좋은 인간관계의 속에서 성실하게 생활하도록 하자. 그러면 짓궂은 사람과는 더 이상 마주칠 일이 없게 되어 좋은 커뮤니케이션 속에서 운이 지켜질 수 있게 될 것이다.

남의 험담과
욕을 해서는 안 된다

누군가의 험담과 욕을 하고 있을 때, 그 당사자가 그곳에 없어 들지 못했다 해도 당신이 내뱉은 부정적인 말은 부정적인 에너지의 화살이 되어 날아간다. 부정적인 에너지는 험담이나 욕을 할 때마다 상대의 의식 속으로 날아가 당신에 대한 좋지 않은 이미지를 만들어낸다.

상대가 직접적으로 듣지 못한다 해도 당신이 내뱉은 부정적인 말을 당신의 귀와 세포가 들어, 결국 자신에게 부정적인 영향을 주게 된다.

험담이나 욕은 말하는 쪽이나 듣는 쪽도 어느 쪽도 좋지 않은 것이므로 말하지 않는 것만큼 좋은 것은 없다. 그것이야말로 평화롭게 운을 지키는 일인 것이다.

감사인사는 즉시 해야 한다

    감사인사는 바로 하는 것이 커뮤니케이션의 운을 더욱 좋게 만드는 요령이다.

    감사인사는 바로, 자주 하는 것이 좋다.

    당일에는 메일과 전화로 감사를 전하고 다음에 만났을 때나 무언가의 화제로 그 일이 나왔을 때, 다시 한번 감사의 표현을 하자. 그러면 상대방은 당신에 대해 좋은 인상만을 가지게 될 것이다.

    그렇게 되면 상대방은 당신에게 더욱 호의적인 사람이 되어, 두 사람 사이의 운이 좋은 형태로 흐르게 될 것이다.

항상 좋은 것을 기대해야 한다

사람은 무의식중에 상대방에게 여러 가지 기대를 한다. 좋은 기대도 하지만 나쁜 기대도 한다.

'이 사람과 좋은 관계를 맺고 싶다.'는 생각도 하겠지만 반대로 '결국 이 사람은 언젠가 나를 속이지는 않을까.'라는 나쁜 생각을 하기도 한다. 게다가 안 좋은 생각은 그 생각이 점점 커지기 쉽기 때문에, 결과가 정말 그렇게 됐을 때 '예상대로'라며 우쭐대며 말하는 사람도 있다. 이는 좋지 않은 생각을 강하게 품고 있었기 때문이다.

우주에는 '기대의 법칙'이라는 것이 있어 좋은 것도, 나쁜 것도 기대하는 대로 되어버린다. 어차피 할 거라면 좋은 기대를 해야 한다. 항상 자신은 어떤 식으로 생각하는지를 생각하고 주의하자. 운이 좋은 사람은 아무런 일이 일어나지 않을 때에도 항상 좋은 것을 기대한다.

용서하고
사랑의 마음으로 보아야 한다

　사람은 인간관계 속에서 아픔과 상처를 받기도 한다. 용서할 수 없는 일이 일어날 때도 있다. '용서할 수 없다.'는 마음이 강할 때는 일방적으로 상대방을 공격하기 쉽다.

　그러나 운이 좋은 사람이 되기 위해서는 상처받고 아픈 마음을 상대방에게 전하는 것으로 상황을 해결해야 한다. 그때 중요한 점은 서로 '용서하며 사랑의 마음'을 갖는 것이다. 만약 '용서하고 사랑의 마음으로 본다.'는 전제와 목적이 없이 누군가를 일방적으로 원망만 한다면 그것은 괴롭힘이 될 수도 있다.

　언제든지 문제는 한쪽에만 있는 것이 아니라 양쪽에 있는 것이기 때문에 일을 순조롭게 진행시키기 위해서는 '용서하고 사랑의 마음으로 본다.'는 것을 기억해두어야 한다. 결국 용서와 사랑을 통해 크게 도움을 받는 것은 자기 자신이기 때문이다.

　사람의 견해에 따라 현실의 내용은 달라지게 마련이다. 사랑

의 관점에서 모든 사물과 사람을 바라보게 되면 모든 것이 아름다워 보이게 된다. 왜냐하면 마음으로 보는 것이 세상을 만들기 때문이다.

뭐가 좋다, 나쁘다가 아니라 그 일을 배려하면서 받아들인다는 것이다.

온화한 마음으로 본다는 것이다.

그러면 그곳에는 사랑이 흐르고 행복한 운이 흐르게 되어 있는 것이다.

사람도 일도 그 속에서 사랑을 느끼면 느낀 사랑을 되돌려주려고 하기 때문이다.

그러므로 사랑은 언제나 받은 순간에 되돌려주게 되는 독특한 성질을 갖고 있어 넘쳐나는 커다란 에너지가 되어가는 것이다.

인간다움을 드러내야 한다

좋은 일이나 기쁜 일이 있을 때는 어린아이도 상대방에게 감사를 표한다. 그러나 좋지 않는 상황에서도 운이 좋은 사람은 무언가를 배우고자 하고, 성장하고자 하는 마음을 가진다. 그러한 사람에게는 상상조차 하지 못했던 큰 행운이 찾아오게 된다.

감사는 고차원 에너지이기 때문에, 그 자체로 우주와 직결되어 빠르게 상황을 개선하고, 감사할 만한 상황을 만들어준다. 감사는 상대방을 위하는 것일 뿐 아니라 자신에게도 큰 도움을 주는 행위인 것이다.

완벽한 인간이 될 필요는 없다. 완벽이라는 것은 애당초 없기 때문이다. 완벽함을 판단하는 근거 또한 어렵기 때문이다. 그러나 인간답게 사는 것은 중요하다. 사람들은 완벽함보다 감사한 마음이나 인간다움을 느낄 때 매력을 느끼게 되어 있다.

누구에게나 약함도, 여림도, 강함도, 아픔도, 괴로움도, 기쁨

도, 느끼는 감정이 있다. 이렇게 인간답고 솔직한 감정을 느끼는 사람에게 편안함을 느끼게 된다. 감사하는 마음을 느끼기 시작할 때, 인간다움을 느끼기 시작할 때, 사람은 서로 공감할 수 있다. 특히 따뜻함이나 사랑을 느낄 수 있는 부분에서 서로 공감하며 이해해 가는 것이다. 이는 모든 행운을 불러들이는 비결이다. 왜냐하면 사람은 혼자가 아닌 다른 사람들과의 관계 속에서 살고 있기 때문이다.

좋은 일은
기쁘게 받아들여야 한다

운을 좋게 하기 위해서, 보다 큰 운을 손에 넣기 위해서는 좋은 일을 수용할 수 있는 능력을 길러야 한다.

사람들은 때때로 큰 행운을 받아들이는 것을 두려워하기도 한다. '이렇게 좋은 일이 있으면 나중에 나쁜 일이 일어나는 것은 아닐까.'라든가 '이런 행운을 지금 손에 넣어버리면 앞으로의 인생에는 더 이상 좋은 일이 없는 것은 아닐까.' 하는 생각을 하기도 한다.

그러나 이는 운이 없어지는 것이 아니라 하늘이 당신을 더욱 돕는 것이다. 큰 그릇을 가지고 있는 사람에게 그만큼 채워주는 것이 자연의 섭리이기 때문이다.

자신의 삶에 좋은 일이 생기는 것을 기쁘게 여기면, 더욱 더 좋은 일이 생길 것이다.

우주는 받아들일 수 있을 만큼만 주게 되어 있다. 좋은 일은

마음껏 즐기자. 삶이 몰라보게 즐거워질 것이다.

그리고 당신의 마음을 설레게 하고 기쁘게 하는 에너지원을 소중히 여기자.

만날 때마다 기분이 좋아지는 소중한 사람들이나 좋아하는 물건을 당신의 옆에 두자. 그것들은 당신의 내부 에너지의 생성을 도와주는 좋은 에너지원이다. 그 에너지원들을 소중히 여기면, 그것을 계기로 좋은 기운이 발생하여 좋은 운이 지속될 것이다.

좋아하는 일을 하되 믿음을 가져야 한다

좋아하는 일을 하거나 원하는 방식대로 삶을 사는 것은 정말 행복한 일일 것이다. 좋아하는 일은 자발적으로 기쁘게 몰두할 수 있기 때문이다.

기쁨을 느끼게 되면 주변의 에너지뿐 아니라 우주의 에너지도 끌어 모으기 쉬워져, 순식간에 운이 좋아지기 시작한다. 이렇게 좋아하는 일을 하게 되면, 점점 행운을 손에 넣기 쉽게 된다.

그리고 열정을 가지고 일하면 운의 좋고 나쁨을 고민하지 않아도 행운의 문이 자동으로 열려, 원하는 삶을 살 수 있게 된다.

열정은 주위의 사람들을 감동시켜 당신을 뒷받침하도록 해준다. 많은 사람들도 당신을 위해 열정적이며 기쁘게 움직이게 되며, 그때 운도 손에 들어오게 되어 있다.

아울러 모든 일을 할 때 A와 B뿐만 아니라 C와 D, E와 F로 선택지를 넓혀갈수록 운이 넓어질 수 있다. 가능성의 범위를 넓

히면 마음에는 그만큼의 여유가 생겨난다. 여유는 운을 기르는 필수 영양소이기 때문이다.

　잠재의식의 권위자인 조셉 머피 박사는 믿는 대로 이루어진다고 말하고 있다. 믿는다는 것은 무언가를 옳다고 여기고 그렇게 생각하는 상태이다.

　'그렇다.'고 생각은 하고 있지만 가끔 '정말로 그럴까.'라고 불안해하거나 의심하거나 마음이 흔들린다는 것은 믿고 있는 것이 아니다. 무언가를 생각대로 이루고 싶다면 흔들림 없이 그것이 옳다는 믿음을 가져야 한다.

　운이 좋아지게 하기 위한 것이나 무언가를 이루는 방법은 가벼운 마음으로 확신하는 것이다.

　필사적으로 생각할 필요는 없다. 가볍게 생각하는 것만으로 좋다. 그 일을 필사적으로 생각하는 태도는, 자신에게 강제로 그 사실을 믿게 하려는 것이기 때문에 좋은 효과가 나오지 않는다.

　자연스럽게 믿게 될 때가 자신이 편한 때인 것이다. 그때야말로 우주는 당신이 원하는 만큼 당신의 희망을 이뤄줄 것이다. 왜냐하면 거기에는 운을 움직이는 에너지의 장해물이 없기 때문이다.

시련을 기회로 삼아야 한다

아무리 운이 좋은 사람에게도 시련이 찾아올 때가 있다. 그럴 때 비관할 것인가, 아니면 그것이 한 단계 올라가는 기회라고 도전할 것인가에 따라 운명은 변하게 된다.

시련을 기회로 삼으면 모든 가능성이 열리게 되어, 새로운 능력과 운이 손에 들어오게 된다.

궁지에 몰렸을 때 엉뚱한 에너지와 능력이 생겨나는 경우도 있다.

앞서 말한 여유가 주는 운이나 에너지와는 달리, 생각지 못한 운을 손에 넣는 경우인데, 이는 전혀 새로운, 지금까지 숨겨져 있었던 것이다.

보호받고 있다는 것을
알아야 한다

무언가가 정체되어 있거나 중요한 일이 취소되었거나 틀어졌다고 해서 재수가 좋지 않다든가 운이 나쁘다고 생각하지 말아야 한다. 왜냐하면 당신은 보호받고 있기 때문에 그 일을 하지 않게 되어 다행이라는 것을 후에 알게 될 것이기 때문이다.

당신에게 옳고 그름에 대한 판단력이 없었을 때, 위험한 것에 손을 대려고 하면 부모님이 그것을 막아주던 기억이 있을 것이다. 그것은 당신을 사랑하기 때문에 보호하려고 했던 행동이었다. 우주도 당신을 위한 일이라면 적당한 시기에 적당한 형태로 당신에게 당신이 원하던 것을 줄 것이다. 보호받고 있는 것이기 때문에 적절한 시기에 원하던 것을 받을 수 있다는 사실을 알고 있으면 일시적으로 무언가를 얻지 못했다는 것에 지나치게 탄식하거나 괴로워하지 않을 수 있게 된다.

운이 좋은 사람은 항상 무엇인가가 정체되어 있어도, 취소가 되어도, 틀어진다 해도 '무언가 의미가 있겠지.', '이게 오히려 나를 위한 일일 거야.' 하고 받아들이려 한다. 그렇지 않은 사람은 가질 필요가 없는 것까지 무리하게 가짐으로써 정말로 필요한 것을 놓쳐버리는 수가 있다.

마음이 내키지 않는 일에는
참여하지 말아야 한다

마음이 내키지 않는 사람과 만나거나, 내키지 않는 일을 하며 시간을 보내지 말아야 한다. 그러면 에너지의 손실을 미연에 방지할 수 있다.

'그런 곳에 가는 게 아니었어.' 라든지 '그런 사람과는 만나지 말았어야 했어.' 라는 마음이 내키지 않는 일에 필요 이상의 에너지를 빼앗기게 되면 지쳐버리기 쉽다. 에너지를 소모시켜 운이 나빠지지 않도록, 내키지 않는 일은 상관하지 않는 현명함을 가져야 한다.

원하지 않는 것을 가질수록, 당신의 삶은 필요 이상의 짐을 짊어지게 되어 움직이기 어렵게 된다. 필요 없는 것은 받아들이지 않는다, 떠맡지 않는다는 결심을 하면 좀 더 마음이 편해진다. 마음이 편하다는 것은 원하는 운을 얻는 데 필요한 중요한 조건인 것이다.

침체기를 넘어서야 한다

사계절에 봄, 여름, 가을 ,겨울이 있듯이 삶도 따뜻한 시기와 추운 시기가 있는 법이다.

어떤 계절을 맞이하더라도 반드시 따뜻한 날은 돌아온다. 춥고 꽁꽁 얼어붙는 것 같은 침체기를 넘어서기 위해서는 자신의 내면 강화와 내면의 성장을 위해 노력해야 한다. 그것은 차가운 땅 안에 묻힌 씨앗이 암흑 속에서 영양분을 스스로 비축해두는 것과 같다. 그리고 포근한 햇빛이 비치는 계절이 왔을 때 내면에 비축해두었던 에너지를 싹이라는 형태로 변하여 밖으로 내보내게 되는 것이다. 그래서 마음껏 꽃이 되어 피는 것이다.

언제나 행운으로 가득 찬 삶을 사는 사람은 다가오는 계절에 우왕좌왕하지 않고 상황에 순응하기 위한 지혜를 가지려고 노력한다. 이와 같이 침체기를 넘어서는 방법이 '내면의 충실'이라는 것을 아는 사람은 언제나 멋진 인생을 꽃 피울 수 있다.

이루고자 하는
미래를 그려야 한다

내년의 운이 좋지 않다는 운세를 확인하고 걱정하며 허둥대는 사람이 있다. 이는 매우 이상한 일이다. 아직 아무 일도 일어나지 않았는데 일어나지 않은 일에 걱정하고 있기 때문이다.

내년에도, 5년 후에도 당신이 '이렇게 살고 싶다.'는 마음을 버리지 않는다면 운명은 원하는 대로 움직이기 시작할 것이다.

예를 들면 내일 당신이 정한 예정대로 행동하듯 삶도 그렇게 살아가면 되는 것이다.

삶은 알 수 없는 미지의 것이 아니라, 당신의 생각이나 목표, 이루고 싶은 일을 설정하여 의도하는 방향으로 움직이면 그렇게 되는 것이다. 당신의 소중한 인생을 남의 손안에 맡기지 말고 당신의 손으로 꽉 움켜쥐어보자. 그 손으로 멋진 삶을 개척하게 될 것이다.

점괘가 맞는 것은 '그것은 그렇다.'고 받아들여 당신이 믿어

버리기 때문이다.

의지와 행동은 무의식적으로 나오는 것이다. 운이 좋은 사람은 운을 자신의 손으로 개척하려는 긍정적인 의지가 제대로 있는 사람인 것이다.

이제 당신이 '원하는 방향' 으로 당신의 마음과 목적을 맞춰야 한다. 그러면 이 모든 것은 자신이 원하는 방향으로 가게 될 것이다. 앞으로의 삶이 더욱 즐겁고, 행복하도록 당신의 모든 방향을 당신이 원하는 방향으로 맞추자. 'HOW' 라는 물음의 답은 항상 '당신이 원하는 대로' 라는 것이다. 그것이야말로 생각대로 행운을 손에 넣는 비결이다!

My Note

제3부

성공하는
방법

1장

감성지수를
높이는
방법

성공하는 사람의 특징

좋아하는 것과 싫어하는 것의 결정

모든 일을 결정할 때는 뭐든지 자신이 좋아하고 싫어하는 것으로 결정하는 것이 가장 좋은 방법이다.

일반적으로 보면 이것은 비상식적인 사고방식으로 여겨질 수도 있다.

그러나 성공하는 사람들은 그것으로 인해 탐구심과 호기심, 두근거리는 마음이 생기며, 즐겁게 목표를 이루어나갈 수 있는 중요한 요소가 된다.

좋아하는 일은 무조건적이며 적극적으로 당신을 몰아붙인다. 반면, 싫어하는 일은 저항감과 거절감을 주며 당신이 그 일에 관여하는 것을 중지시킨다. 이것이 호불호의 기본적인 역할이다.

'좋고 싫은 걸로 결정해서는 안 돼. 또 가능하지도 않아!'

'하기 싫은 일이라고 해서 안 하면 아무 일도 할 수 없어!'

'애도 아니고 어른이 돼서 자기가 좋아하는 일만 해서 어떡하

려고!'

하고 말하는 사람은 인간이 심리적 영향을 받으며 사는 생물
이라는 사실을 모르는 사람이다.

그리고 그러한 사람들은 대개 자신이 생각하던 길을 가지 않
는다. 괴로워하면서 자신이 원하지도 않는 일을 하며 언짢아한
다.

좋고 싫은 감정이 일의 진행과정과 결과에 얼마만큼의 차이를
만드는지 호불호로 일을 할 때 확실히 알 수 있다.

즉, 좋아하는 일은 일이 쉽게 잘 풀린다.

싫어하는 일을 해서 일이 잘 풀리거나 성공하는 경우는 없다.

편안한 마음으로
즐기면서 일을 한다

정말 좋은 결과나 생각지도 못한 수확은 의외로 편안한 마음으로 임했을 때 나온다.

이를 악물고 필사적으로 하거나 자신을 혹사시키면서까지 그 일에 구애받을 때보다 모든 일이 양호하게 진행된다.

편안한 마음으로 일을 할 때는 긴장감이나 압박감이 없기 때문에 에너지가 가뿐하게 전달된다.

편안한 마음가짐으로 일할 때는 빠르게 진행하고, 힘들어지면 잠시 멈추어 쉬는 것을 기억해두자.

그리고 당신이 즐기면서 일을 하고 노는 기분으로 임할 때, 당신은 행복의 파도를 타게 될 것이다.

'아직은 즐기면서 할 수 없다.'는 생각이 드는 것은 그 일을 주저하거나 마음이 무거워지는 등의 그것 나름대로의 이유가 있

다.

즐기면서 일하는 것의 안 좋은 점을 놀면서 일하는 나쁜 패거리들과 하는 것은 더욱 최악이다.

그곳에서는 보조를 맞추지 않고 리듬이 나쁘다. 사물을 정리하기 어렵다.

그것은 수레바퀴에 맞물리지 않는 부품끼리 있는 것과 마찬가지이다. 아무리 움직이려 해봐도 결국 아무것도 움직이지 않는다.

'조금 즐기면서 해볼까!' 라는 가벼운 생각은 눈앞의 기회를 붙잡을 수 있는 가장 심플한 방법이다. '

일에 임하는 계기를 갖고 싶다면 이 점을 알아두어야 한다.

일을 시작할 때는 거창한 이유가 필요한 것이 아니라 가벼운 마음으로 임하는 자세가 중요하다.

좋은 것은 받아들여야 한다

좋은 것은 적극적으로 받아들여야 한다.

모범적인 좋은 일을 따라 하는 것은 "거기에 있는 좋고 특별한 것을 나만의 것으로 만들어 갖고 있는 것이다."

그것은 결코 훔치는 것이 아니다.

훔치는 것은 "상대의 것을 그대로 똑같이 따라 하는 것"이다. 거기에는 자신의 지혜나 배움, 아이디어가 담겨 있지 않다. 다른 사람의 권리를 침해하는 것이다. 그 후에도 더욱 좋은 것으로 전개해 나가는 일도 없다.

예를 들어, 유행하고 있는 코카콜라를 따라 하고 싶다면 '당신만의 상쾌한 음료를 만들도록 한다.' 그리고 그 안에서도 다시 여러 가지로 나눌 수 있다.

만약 완전히 똑같은 것을 그대로 만들어 판다면 권리 침해로 벌을 받게 된다.

따라 하는 것과 훔치는 것을 착각하면 전혀 다른 결과가 나온
다.

하지만 많은 사람들이 좋게 평가하며 받아들이고 있고 당신도
공감하는 것으로, 더욱 자신만의 것으로 확장해 나가고 싶은 것
은 당신이 받아들임으로써 다른 사람들에게도 역시 공감을 얻을
수 있다.

운명의 연쇄반응을
불러일으키는 중요한 요소

　자신이 운영하는 가게나 직업 또는 무엇이든지 지금 하고 있는 일을 더욱 번성시키고 싶다면 자신의 활동 영역에 '활기를 불어넣도록 한다.' 그러면 한층 운이 좋아지고 더욱 번영할 것이다.

　건강식품 회사를 세우고 매년 부자순위에 올랐던 억만장자가 이런 얘기를 했었다.

　'매장이 한가하면 자기 휴대폰으로라도 전화를 걸어 전화벨이 울리게 하라. 청소를 하거나 힘찬 소리를 내며 바쁜 것처럼 움직여라!' 라고 말이다.

　그렇게 하면 소리나 움직임에 의해 활기가 생기고 에너지가 높아진다. 그리고 그 순간에 갑자기 손님이 들어오기 시작한다는 것이다.

　손님은 활기를 느끼고 나서 반응을 한다. 그래서 활기가 없으

면 불안해하고 활기가 있으면 안심하고 방문을 하는 반응이 나타난다.

예를 들어 홀로 일을 하는 직업일 때도 마찬가지이다. 바쁜 듯이 일을 하고 있을 때는 의뢰가 계속해서 들어오지만 한가한 때는 한순간 일이 뚝 멈춰버린다.

활기라고 하는 "기"는 운명의 연쇄반응을 불러일으키는 중요한 요소이다.

쓸데없어 보이는 일에서도 얻을 게 있다

가끔씩 '지금 이런 일이나 하고 있을 때가 아닌데'라고 생각하면서도 왠지 하고 싶은 일이나 잠시 관여하고 싶은 일이 있다.

딱히 지금 그것이 필요하지 않고 또 너무 바빠서 그것을 할 여유가 없는데도 왠지 신경이 쓰이는 일이 있다. 하지만 그 일은 쓸데없어 보여도 사실은 결코 쓸데없지 않다. 후에 당신에게 좋은 힌트나 유익한 것을 가져다주는 요소가 되기 때문이다.

쓸데없을지도 모르지만 신경이 쓰이는 일은 시간이나 입장, 경제적 문제, 상황이 허락하는 한 하도록 한다.

내 인생을 돌아보면, 나는 작가의 길을 가면서 다른 사람들의 몇 배나 되는 쓸데없는 일을 했다. 그러나 그 일들 덕분에 책을 쓸 때 많은 재료를 얻을 수 있었다. 쓸데없어 보이던 일들이 나를 구해주는 유익한 것이 되었다.

즉 쓸데없는 일이란 바로 아무것도 하지 않는 것이다.

어두운 뉴스는
부정적 파동을 그린다

어두운 뉴스가 당신의 사기를 높이는 일은 없다.

어두운 뉴스는 당신을 침울하게 하고 걱정, 신경질, 불안감을 증장시킨다. 그때마다 당신 안에는 부정적인 정보가 인풋되어 남는다. 그리고 그것이 어느 일정한 양이 되면, 당신의 마음은 두려워하던 그 일을 야기하는 부정적인 파동을 그리게 된다.

어두운 뉴스는 이 세상에 주의를 주지만 대부분의 경우 사람들을 공포로 칭칭 감아버리고 만다. 그러니 좀 더 밝은 뉴스, 좋은 뉴스, 빛이 가득한 뉴스에 귀를 기울이자. 아주 사소한 것이라도 좋으니 거기에 눈을 향하고 마음을 맡기고 내일이 희망으로 가득하고 행복이 넘치는 것을 느끼도록 한다!

그리고 희망의 빛이 비추는 미래가 얼마나 훌륭한지 주목한다!

그것만으로도 스스로를 높이고 성공시킬 수 있는 일이 가득해진다.

그러나 다른 사람이 좋은 이야기를 하면 적극적으로 귀를 기울여야 한다.

'다른 사람의 일은 나와는 관계없어.', '다른 사람에게 좋은 일이어도 나에게는 좋은 일이 없으니 비위에 거슬릴 뿐이다.', '다른 사람의 좋은 이야기 따위는 요기 거리도 안 된다.' 라고 하는 것이 아니라 마치 자신의 일인 것처럼 함께 기뻐한다. 그 사람과 함께 잠시 감동에 빠져 보는 것이다.

실은 당신이 듣고 있는 그 좋은 이야기는 당신과 전혀 관계없는 이야기가 아니다. "당신에게도 곧 그런 일이 일어납니다!"라고 하는 행운의 징조를 예고하는 것이기 때문이다.

좋은 이야기의 파장은 좋은 현상으로 돌아오기 쉽다. 그 일에 공감하거나 동조함으로써 자신에게도 그 일이 돌아온다.

다른 사람의 좋은 이야기를 듣고 자신의 일처럼 기뻐한다면 그다음은 당신이 기쁨 가득한 축복의 순간을 맞이하게 될 것이다.

아무것도 하지 않는 사람의 의견은 무시해야 한다

당신이 성공하고자 한 가지 일을 시작하면, 분명 주위 사람들은 당신에게 무슨 말을 하기 시작할 것이다.

그런데 정작 본인은 아무 일도 하지 않으면 다른 사람이 무언가를 하려고 하면 반대하거나 트집을 잡고, 나쁘게 말하면서 비판만 하는 사람의 의견을 정말로 들어야 할까?

그가 어떤 일에 목숨을 걸고 열심히 하는 사람이라면 당신이 하는 일과 열심히 일하는 자세를 칭찬할 것이다.

성공하기 위해 노력하는 당신을 존중하고 응원하고 위로해줄 것이다.

반면, 아무것도 하지 않는 사람은 아무것도 하지 않기 때문에 다른 사람이 위로 올라가는 것을 가만히 보고 있지 못한다. 다른 사람의 발목을 붙잡으며 아무것도 하지 않는 자신을 안심시키려 한다.

불쾌한 일은 핗ᆆ야 한다

불쾌한 일은 피하는 게 상책이다.

기분을 상하게 하고 감정에 독이 되는 일을 그대로 방치해서는 안 된다. 사람은 때때로 '불쾌한 사람이지만 사귀어놔야 하니 참자.', '불쾌한 장면이지만 어른으로서 감수하고 받아들이자.', '불쾌한 이야기지만 어쩔 수 없이 그 이야기를 할 수밖에 없어.' 라는 등 스스로 그 일을 받아들이곤 한다.

하지만 자신이 그렇게 하면서도 실은 마음속 깊은 곳에서는 분노를 느끼고 있다.

불쾌한 감정 하나가 그 사람과 그 일, 그 시간을 얼마나 심란하게 하는지를 생각해보자. 그러면 그 불쾌한 손해가 가진 영향력이 얼마나 큰지 알 수 있을 것이다.

그 일이 꼭 받아들이지 않았어도 되는 일이었다는 것을 나중에는 지겹도록 알게 될 것이다.

성공하는 사람은 기분이나 감정이 얼마만큼 일과 관련되고 진전을 좌우하는지 알고 있다. 또 그것에 주의하는 것이 얼마나 중요한지를 알고 있다.

배우는 것을 즐겨하되 노는 것도 잘해야 한다

　인생의 모든 영역에서 좋은 성과를 내는 사람은, 자신이 관여하고자 하는 일이나 흥미가 있는 일, 두근거리는 일, 좀 더 알고 싶은 일에 욕심을 내고 열심히 관여하는 사람이다.

　인생이나 성공에 있어서 공부는 이론이나 지식만이 아니다.

　"발견"이나 "감동", "흥미"또한 중요한 의미를 갖고 있다.

　배움이란 영화를 보거나 음악을 듣는 일, 누군가와 이야기 하는 일, 어딘가를 향해 가는 일, 책을 읽는 일, 느긋하게 쉬는 일이나 노는 일 같은 것이다. 언뜻 보면 공부와는 전혀 관계가 없어 보이는 부분도 훌륭히 길러야 한다.

　성공의 기본은 꿈이나 목표, 달성하고 싶은 일이나 이뤄졌으면 하는 일을 갖는 것에서부터 시작된다. 그러므로 끊임없이 탐구심을 갖고 배우는 것이 중요하다.

　그렇다고 무턱대고 앞만 보고 달려서는 안 된다.

좋은 직장에서 일을 잘하는 사람, 돈을 많이 모은 사람, 멋진 사랑을 하는 사람은 그에 알맞은 놀이를 하며 여가를 보낸다.

마음을 열고 즐거운 시간을 보내는 것 역시 일에 열중하는 것만큼이나 중요하다. 그래서 여가생활에도 열심히 임한다.

왜냐하면 그러한 사람은 여가가 주는 "자기 개방의 유익"을 알고 있기 때문이다.

일만 하는 고지식한 사람이 되거나 여가생활도 하지 않고 자신을 몰아붙이며 일만 하는 것은 중요하지 않다. 요점은 인생에서 여가를 보낼 수 있을 만큼의 여유를 가지고 있는가 하는 것이다. 그것이 사람의 그릇을 크게 만들기 때문이다.

성공은 시간적으로나 정신적으로 여유가 있을 때 비로소 비약적으로 커진다.

마음먹은 순간
바로 행동해야 한다

　사람은 필요하기 때문에 어쩔 수 없이 그 일을 하는 것보다 그 일에 대해 '설레는 마음'을 갖고 임할 때 더 빠르고 일도 잘할 수 있다.

　어떤 일을 생각할 때도 '좀 더 생각해보고 할까.', '좀 더 나중에 해도 괜찮겠지.' 라고 생각될 정도의 일은 결코 당신을 움직이게 하는 원동력이 되지 않는다.

　"나중으로 미뤄도 괜찮은 일"에 사람들은 좀처럼 손을 대지 않는다.

　생각한 순간 바로 움직이고 싶은 일, 흥미롭고 즐거운 일이 바로 당신을 성공으로 이끌어줄 가장 좋은 길이다.

　성공하고 싶으면서도 좀처럼 움직이지 않는 사람은 아무리 사소한 일이라도 좋으니 일 초라도 빠르게 그 일에 착수하길 바란다.

모든 것이 완벽하게 준비되어 있지 않더라도 지금 모습 그대로 그 일에 착수해야 한다.

그래야만 그때부터 일이 움직이기 시작하고 성공에 근접하는 것을 실감할 수 있다.

좀처럼 성공하지 못하는 사람들의 원인과 고통 중 한 가지는 "그 일에 착수하지 않는 것"이다.

사람은 어떤 일을 하는 것보다도 그것을 '해야지, 해야지.' 하고 생각만 하고 실행하지 못할 때 더욱 괴로운 법이다.

'하고는 싶지만 못 할 것 같다.' 라고 생각하는 시간이 길어질수록 정신은 피곤해진다.

차라리 바로 해 버리면 마음은 편해질 텐데 말이다.

마치 학창시절 때 시험을 보기 전에 '해야 돼, 해야 돼.' 라고 생각하면서도 정작 공부는 하지 않는 시간이 더 힘든 것처럼 말이다.

착수하고 나면 모든 어려움에서 한순간에 해방된다. 그리고 그 일은 스스로 움직이기 시작한다.

만반의 준비는
은밀하게 해야 한다

당신이 하려고 하는 일을 일일이 다른 사람들에게 퍼뜨리거나 그 일의 대단함을 떠버릴 필요 없다.

정말로 성공을 원한다면 은밀하게 준비해 나가야 한다.

일을 시작도 하기 전에 사람들에게 이것저것 말을 퍼뜨리면 당신 안의 일에 대한 에너지가 새어나간다. 당신은 밝은 표정으로 사람들에게 말하기는커녕 오히려 풀 죽은 자신의 모습을 보게 될 것이다.

은밀하고 원대하게 부풀어진 생각은 큰 에너지가 되어 당신 안에 고이게 된다. 그리고 그 일에 착수했을 때, 그것은 엄청난 폭발력으로 변하며 모든 어려움을 돌파해 나가게 한다.

절대 실수하고 싶지 않은 빅 이벤트일수록 상당한 파워를 필요로 한다. 그러므로 거기에 관계된 필요한, 최소한의 사람들에게만 말하고 그다음은 은밀하게 진행해 나가야 한다.

자신 안에 숨겨진 파워가 얼마나 대단한지 느껴보길 바란다.

한 스타가 이런 말을 했었다.

"'이것은 절대로 망가지지 않았으면 좋겠다. 크고 훌륭한 일이다.' 라고 생각하는 것일수록 사람들에게 말하고 나면 왠지 망가져 버린다. 그래서 나는 스케일이 큰 것일수록 아무에게도 말하지 않고 은밀하게 진행했다. 그러자 늘 대성공하게 되고 엄청난 결과를 얻었다. 나조차도 놀라울 정도로 말이다."

때로는 조바심도 내고
한탄도 해야 한다

때로는 다른 사람의 비약적인 발전이나 대성공을 보며 조바심을 가질 필요가 있다.

'앗! 그 친구가 이렇게 엄청난 사람이 되다니!'

'그 친구, 언제부터 이런 대단한 일을 하고 있었던 거지!'

하며 나도 모르는 사이에 다른 사람이 나보다 높은 곳으로 올라가며 성공한 모습을 현실적인 눈으로 봐야 한다. 그것을 알고 느껴보길 바란다.

'그때, 나는 무얼 하고 있었지.' 라고 하는 조바심은 그 사람을 쫓아가고 앞지르게 하는 정신력을 길러준다. 또 당신을 힘차게 밀어붙여 움직이게 하는 원동력이 되기도 한다.

조바심은 결코 부정적인 요소가 아니다. 때로는 아무 말 없이 당신의 등을 밀어주는 '성공의 사인' 이다.

또한 '나는 무얼 하고 있는 거지.', '이러고 있어도 괜찮은 걸

까?' 하며 가끔은 한탄하는 것도 필요하다.

한탄은 보다 성장하고 싶다고 하는 영혼의 외침이다.

그 영혼의 외침을 제대로 들은 사람은 더욱 성공하기 위해 스스로 노력한다.

탄식은 자신을 비하하거나 침울해지기 위해서 하는 것이 아니다. 당신 자신의 미래에 밝은 불을 붙이는 착화제가 되어야 한다.

탄식을 돌파하면 분위기는 다시 호전된다.

아무리 늦은 시간에라도
해야 한다

정말로 그 일에 몰두한 사람들은 아무리 늦은 시간이라도 기꺼이 그 일을 해버린다.

예전에 한 연구소 소장이 이런 이야기를 했었다.

"나는 한 상사가 '지금 와줄 수 있겠나.' 라며 불러냈을 때, 너무 기쁜 나머지 그때가 몇 시인지도 보지 않고 바로 달려 나갔었다. 지금 생각하면 한밤중 늦은 시간이었지만 그때 그가 불러서 함께 일을 하게 된 것이 너무나 기뻐서 어쩔 수 없었다."

그 시간에 불러냈다고 하는 것은 당연히 그 상사도 그 시간까지 일을 하고 있었다는 것이다.

큰 성공을 이룬 사람들은 아무리 늦은 시간이라 하더라도 시간에 상관없이 자신이 하고 있는 일을 마무리한다.

그리고 그 모습에 감동을 받은 주위 사람들도 그 일을 꼭 성공시키기 위해 자발적으로 움직이기 시작한다.

휴대폰에
메모하는 습관을 들여야 한다

수첩이나 필기도구가 없을 때 갑자기 좋은 아이디어가 떠오르거나 엄청난 힌트를 발견하곤 한다.

그런 때에는 그냥 넘어가지 말고 휴대폰에 메모를 하거나 집이나 회사 컴퓨터에 곧바로 메일을 보내놓는다.

번뜩임은 신선한 야채와 같다. 신선할 때 처리하지 않으면 시들어서 먹을 수 없게 되어버린다.

가끔 휴대폰을 집에 두고 나왔을 때에는 바로 근처 편의점으로 가서 볼펜과 메모지를 산다. 그리고 그 내용을 반드시 적어둔다.

'일부러 편의점에 가서 필기도구를 사기에는 돈이 아까워. 집에 볼펜이랑 메모지가 굴러다니는데 말이야.' 라고 느긋한 생각이나 하며 바로 메모를 해두지 않으면 완전히 잊어버리게 된다. 아무리 생각해내려고 해도 결코 생각나지 않는다.

그러다 자신의 생각과 비슷한 것을 다른 사람이 하고 있는 것을 보면 '아뿔싸! 내가 생각하고 있던 것과 똑같은 것을 하는 사람이 있었다니!' 라는 생각을 할 것이다. 그러나 이미 그때는 늦었다. 번뜩이는 아이디어가 나에게 있어도 결국엔 그것을 실현하는 사람의 승리이기 때문이다!

진짜 아까운 것은 새 필기도구를 사는 데 지출한 돈이 아니라, 모처럼 떠오른 훌륭한 아이디어를 스스로 잃어버리는 것이다.

또, 이것과 비슷한 예로 잠들기 전에 떠오른 생각들이 있다.

모든 일을 정리하고 침대에 누워 겨우 잠들려고 하는 순간, '앗!' 하고 불현듯 떠오르는 생각들이 있다. 그때 자리에서 일어나 불을 키는 수고를 아까워하며 '뭐, 내일 아침에 해도 되겠지.' 라고 생각하고 넘어가 버려서는 안 된다. 아무리 노력해도 결코 생각나지 않을 엄청난 아이디어를 잃게 되기 때문이다.

그런 일이 없도록 베개 옆에 작은 스탠드와 펜, 종이, 노트북을 놓아두거나 휴대폰의 메모장을 활용하는 습관을 들여야 한다.

덧붙여 말하면, 베스트셀러가 된 책들의 제목은 저자들이 자기 전이나 어슬렁거리며 거리를 걷고 있을 때 떠오른 것들이다. 긴장을 늦추고 있는 순간에야말로 생각지도 못한 엄청난 아이디어들이 쏟아진다.

마치 하느님이 '옜다~ 가져라.' 라며 주는 것 같은 아이디어들을 채용하면 늘 터무니없을 정도로 좋은 결과와 보수로 이어지는 것이다.

일일이 안주해서는 안 된다

다른 사람들보다 일을 더 잘 이끌어나가고 싶다. 좋은 결과를 얻고 관계된 모든 일들을 계속해서 성공시키고 싶다. 만약 당신이 이런 생각을 한다면, 한 가지 일을 이룰 때마다 안도하면서 일일이 안주해서는 안 된다.

안주하기 시작하면 모처럼 움직이기 시작한 행운의 리듬이 어긋나서 해피 플로(흐름)를 만들기 어려워진다.

해피 플로는 당신이 리드미컬하고 연속적으로 그 일에 에너지를 쏟고 시간을 투자할 때 저절로 생겨난다. 그리고 일단 그 흐름이 생기기 시작하면 그다음은 당신이 아무것도 하지 않아도 오히려 일이 잘 흘러간다.

맨 처음 에너지를 만들어 두면 그다음은 에너지가 알아서 일을 한다.

성공하는 사람은 잘게 썬 토막과 같다. 큰 토막에는 움직이지 않고 차례차례 연속적으로 다음 일에 착수한다. 흘러가듯이 관련 일을 하거나 해야 할 일을 하면서 마치 바닥이 보이지 않는 강 같은 많은 돈을 모은다.

동시진행형으로 일해야 한다

성공하는 사람은 일정한 시간 속에서 보다 많은 성과를 만들어내는 데 뛰어나다.

그 비결은 "동시 진행으로 사물을 움직이는 것"이다.

그것은 결코 어려운 일이 아니다. 당신도 바빠서 시간이 없는 일상생활 속에서 늘 하고 있는 일이다.

예를 들면, 매우 보고 싶었던 텔레비전 방송을 느긋하게 보고 싶을 때, 그 시간까지 모든 일을 전부 정리해두려고 하는 경우이다.

당신은 그 시간까지 집안일을 단숨에 정리하기 위해 세탁기를 돌리면서 청소기를 돌린다. 그리고 귀로는 배우고 싶은 학습 CD 등을 들으면서 밥솥의 스위치를 누른다. 그러면서 욕조에 뜨거운 물을 받는 등의 일을 한다.

이 모습은 마치 중국의 서커스단원 같아서 왠지 감동적이기까지 하다.

이마 위에 봉을 얹고 접시를 돌리면서 오른손으로 접시를 돌리고 그 상태 그대로 몸을 둥글게 말아 웅크리고 앉는다. 이때 왼손으로도 접시를 돌리고 발로는 방석을 돌리는 것 같은 기술 말이다.

그 일을 하고 있는 자신을 '정말 대단해!' 라며 칭찬하고 싶어진다.

성공한 사람들은 바쁜 것도 또 다른 의미의 즐거움이라고 생각한다.

성공한 사람은 이렇게 이것저것 동시에 진행하면서 무엇인가를 완성해낸다. 그것을 통해 연속적인 성공을 확보하고 이어나간다.

단숨에 속도를 내야 한다

비행기가 하늘을 높이 날기 위해서는 우선 기체를 날아오르려는 방향의 활주로로 향하게 한다. 그리고 그 활주로에 도착하면 점점 스피드를 올리며 활주로를 달리기 시작한다.

그리고 날아오르는 순간까지 속도를 올리며 달리다가 기체를 하늘로 향하며 단숨에 엔진을 전개해서 날아오른다.

하늘에 날아올랐어도 어느 일정한 상공에 다다를 때까지 계속해서 가속해야 한다.

안정된 비행을 해도 되는 곳에 도착했을 때 차츰 기체를 쉬게 한다.

그곳에 오를 수 있었던 것은 그곳에 도착하기까지 전속력으로 달리며 엔진을 전개하고 모든 에너지를 집중하여 단숨에 달려온 덕분이다.

만약에라도 도중에 스피드를 낮추거나 엔진을 약하게 했다면 하늘을 높이 날거나 안정된 비행을 할 수 없었을 것이다. 그 순간 바로 추락했을 것이다.

만약 당신이 '반드시 성공하자!', '다른 사람들보다 더욱 높이 올라가자!' 라고 생각했다면 어느 일정 장소에 갈 때까지는 계속해서 가속을 내야 한다.

그러면 당신은 떨어지지 않고 목표한 높이에 오를 수 있다. 그곳에서 미소 지으며 여유롭게 쉴 수 있을 것이다.

큰 꿈을 가져야 한다

외국 철학자들이 이런 말을 남겼다.

'소년이여, 야망을 가져라!'

'크게 되는 사람은 큰 꿈을 꾸는 사람이다.'

성공하는 사람은 예외 없이 큰 꿈을 가졌다.

큰 꿈만이 주는 큰 원동력이 있다.

큰 꿈은 늘 올려다봐야 한다. 하지만 진정한 행복을 주는 희망은 늘 그렇게 올려다 본 장소에 있다. 고개를 숙이고 바라보는 그 밑에는 없다.

큰 꿈은 사람들을 동경하게 하고 위를 목표로 하며 그곳에 오르고 싶은 열망을 준다.

그러한 열망을 가진 사람만이 목표를 향해 한 발자국을 내딛을 수 있다.

My Note

2장

'꿈, 비전'을 주시하는 방법

큰 뜻을 품은 자만이 좋은 결과를 손에 넣는다

달성된 비전을 미리 내다보아야 한다

K 씨는 유명한 히트곡 메이커이다. 시대를 만드는 사람이라고 불릴 정도로 그의 손에 걸리기만 하면 모든 노래가 그 시대의 유행이 되고 붐을 일으킨다.

한 기자가 K 씨와의 인터뷰에서 히트곡을 만들어낸 이유와 계속해서 성공하는 비결을 물었다. 그러자 K 씨는 이렇게 대답했다.

"나는 그 가수에게 노래를 제공할 때, 어떤 표정을 지으며 어떤 눈빛으로, 어떤 목소리로, 어떤 동작을 취하며 어떤 의상을 입고 노래를 부를 것인지 생각합니다. 어떤 노래를 부르는 것이 그 사람의 매력을 가장 잘 나타낼 수 있을까를 먼저 상상합니다. 그리고 그 가수가 노래하는 모습을 상상하며 곡을 완성했을 때, 이번에는 그 노래를 어떤 사람들이 들을까, 어느 거리에 틀어놓을까, 어떤 장면에서 흘러나오면 멋있을까, 이 노래가 흐르고 있

는 거리나 생활의 한 장면, 사람들의 모습을 상상 속에서 리얼하게 보고 그저 거기에 매치해서 만들 뿐입니다."

그는 히트곡을 만들 때부터 이미 마음의 눈으로 그 노래가 히트한 후의 사람들의 반응과 이 세상의 현상을 포함한 비전을 리얼하게 보고 있었다.

그렇게 내다본 비전은 창조적인 마법의 힘을 가지고 현실에서 나타난다.

그리고 K 씨는 이 말도 덧붙였다.

"라스트 장면이 보이지 않거나 목표의 순간이 보이지 않는 것은 노래가 만들어지지 않고 히트도 되지 않습니다."

사람은 보이지 않는 것을 만들 수 없다.

그러나 반대로 보이기만 하면 그다음은 그것을 현실 속에서 그대로 따라 하면 그만이다.

어떤 분야에서든지 최고로 잘 나가는 사람들은 모두 마음속에서 꿈을 달성한 장면을 본 사람들이다.

그 최종결과가 현실에서 이루어진 것을 말이다.

앞으로의 일을 상상할 수 있는 사람이 최강의 승자이다

계속해서 성공하는 사람은 단 한 번의 성공에 만족하거나 거기에 안주하지 않는다.

성공은 한순간만 달성하면 되는 환상 같은 것이 아니다. 끊임없이 당신의 인생을 지탱하고 현실에서 계속 유지되어야 하는 의의가 있다.

이것을 이루기 위해서는 한 가지를 달성하고 난 다음, 무엇을 보는지가 중요하다.

앞으로 세상이 어떻게 반응하고 어떻게 움직이는지를 예견할 수 있어야 한다.

이러한 예견은 당신이 이 세계에서 무엇인가를 이루어낸 경험이 많을수록 유리하다. 만약 적더라도 성공체험이 많으면 많을수록 날카로운 과녁도 맞출 수 있게 된다.

이다음에 전개될 상황을 상상할 수 있는 사람만이 다음 단계

로 나아갈 수 있고 그것을 성공시킬 수 있다.

앞으로 어떻게 행동할 것인가는 그 일을 마친 다음에 알게 된다. 바로 자신의 감정이나 느낌, 원하는 것, 요구되는 것, 없는 무언가를 찾는 것에 의해 저절로 인도되기 때문이다.

어떤 일을 시작하기 전에 먼저 앞으로의 일을 상상할 수 있는 사람이 최강의 승자가 될 수 있다.

좋아하는 만큼
그 일에 몰두해야 한다

두 번이나 노벨상을 받은 여성물리학자 퀴리 부인은 한번 연구실에 들어가면 시간이 흐르는 것도 완전히 잊을 정도로 연구에 몰두했다. 잠도 자지 않고 밥도 먹지 않고 며칠 동안을 연구실에 틀어박혀서 아무리 불러도 나오지 않았다고 한다.

엄청난 집중력을 가지고 늘 연구에 몰두하는 모습은 '어쩜 저렇게 힘들고 격한 일을 할까!', '이제 그만두고 빨리 나와!' 라며 걱정할 일이다. 그러나 과학을 사랑하는 그녀에게 있어서 연구는 늘 즐겁고 흥미로운 일이었고 가슴을 두근거리게 만드는 일이었다. 그렇기 때문에 그녀는 모든 사람들에게 도움이 되도록 모든 것을 공표할 수 있었다.

그녀는 연구 중에 새로운 것을 발견했을 때에는 몇 번씩이나 신비한 기적 같은 순간을 맛보았다고 한다.

후에 그녀는 연구를 하는 중에 방사능에 노출되어 백혈병에

걸리게 되었다. 그러나 점차 의식이 희미해져 가는 그 순간에도 그녀는 침대 위에서 '그건 라듐인가? 아니면…….' 이라며 연구에 관한 것을 잠꼬대로 할 정도였다.

위대한 사람들은 늘 자신의 일을 좋아하고 흥미가 끊이지 않아서 그 일을 하지 않고는 도저히 참을 수 없었다. 외양 따위는 개의치 않고 그 일에 열중했다.

좋아하는 만큼 그 일에 몰두하는 것보다 사람을 크게 성공시키는 힘은 없다.

다른 사람의 의견보다
자신의 의견에 귀를 기울여야 한다

언젠가 집필 방향을 잃어버린 한 작가가 있었다. 책도 처음에는 그런대로 슬슬 팔렸다. 그러나 점차 지나칠 정도로 독자들을 신경 쓰고 관계자들의 희망을 듣게 되었다. 주위 사람들의 의견을 받아들이다 보니 어느새 엉망진창이 되어 결국 갈피를 잡지 못하게 되었다.

'좀 더 이렇게 합시다.'

'그 외에 이런 것도 써 주십시오.'

'○○가 △△을 쓰고 있으니까 그것에 맞춰서 우리도 □□로 합시다.' 라는 것들이었다.

그 작가에게는 자신만의 개성이 있었다. 하지만 여러 가지 목소리의 공격으로 인해 점점 노이로제에 걸린 것처럼 아무것도 쓰지 못하게 되었다.

원인은 요즘 세상의 변화에 맞추지 못했기 때문이 아니다. 자

신의 좋은 점과 자신만의 개성을 잃어버렸기 때문이다.

　나는 '이것을 전하기 위해서 글을 쓴다.' 고 생각한다면 자신답게 글을 써야 한다.

　예를 들어 당신이 라면가게를 시작한다고 하면 주위 사람들은 '라면은 이제 한물갔어. 지금은 카레가 붐이야.', '지금은 라면이나 카레가 아니라 이탈리아 음식을 해야 해!', '주부나 직업여성들은 프랑스식 요리에 모여들고 있어.' 라는 말들을 할지도 모른다. 그 말을 듣고 당신이 만약 다른 사람의 의견에 맞추려고 한다든가 '다른 사람들이 하는 말도 들어두자.' 라며 뭐든지 다 받아들였다고 하자. 그러면 결국 당신 자신은 물론 주위 사람들마저도 애초에 당신이 무엇을 하려고 했는지 전혀 모르게 되어버린다.

　자신의 처음 이미지나 생각을 이루고 성공시키기 위해서는 그 일에 흔들림 없이 일관하는 것이 중요하다.

　당신이 제일의 라면가게를 만들고 싶다면 거기에 필요한 일들을 철저하게 준비하면 된다. 일일이 주변의 목소리를 주워 모아서 잡동사니 가게를 만들거나 다른 사람처럼 될 필요는 없다.

도전해야 한다

　정말로 사람을 성공시키는 일은 식은 죽 먹기 식의 쉬운 일이 아니다. 그 일을 하기 위해서는 스스로 보기에도 "도전"이라는 생각이 들 정도로 엄청난 일이다.

　결코 쉽게 손이 닿는 안이한 목표가 아니다. 현재 자신이 있는 위치에서 봤을 때, 왠지 승부를 해야 할 것 같고 그 일과 관련되면 가슴이 두근거리는 목표이다. 긴장하게 되고 또 약간은 풀이 죽을 것 같은 기분이 드는 그런 목표이다.

　그러나 그렇기 때문에 더욱 동경하게 되고 용기를 준다. 도전해야만 얻을 수 있는 꿈이야말로 그것을 이루면 얼마나 좋을까 하는 큰 기쁨을 안겨다 준다.

　도전하는 사람만이 영광의 순간을 손에 넣을 수 있다.

분수를 모르는
당돌함이 필요하다

눈에 띄게 성공한 사람들은 옆에서 보면 '당돌하다'고 할 만한 것들을 생각하고 실행한다.

하지만 이 "분수"라는 것만큼 애매한 것도 없다.

도대체 누가 내면의 위대함을 그 "어떤 기준"으로 잴 수 있단 말인가?

위대한 일을 완수하는 것은 지위나 명예, 재산 같은 것들이 아니다. 그것은 바로 그가 내면에 품고 있는 생각과 '어떤 사람이 되겠다.'고 하는 커다란 희망, 장대한 비전과 넘쳐나는 에너지이다.

자신의 좁은 소견과 사고로 다른 사람의 분수를 재고 비판하는 사람들이 당신을 '분수도 모르는 사람'이라고 말할 수도 있다. 그래도 당신은 웃으며 꿈을 향해 계속해서 도전해 나가야 한다.

마지막에 웃는 것은 그것을 완수해 낸 바로 당신이다.

실수를 두려워할 필요는 없다

　당신이 어떤 일을 해나가는 과정에서 가끔은 실수를 저지르는 때도 있을 것이다.

　성공하고자 하는 사람은 늘 도전하는 사람이기 때문에 가끔씩 해본 적 없는 일이나 경험해본 적 없는 일을 하게 된다. 때로는 매우 거대한 일을 접하기도 한다. 성공해본 경험이 적은 초반에는 당연히 일이 잘 풀리지 않거나 실수를 저지르는 일도 생긴다.

　그때 옆에서 보고 있던 사람들이나 아무것도 모르는 사람들은 당신이 중대한 실수를 한 것처럼 비판하고 흉을 볼 수도 있다. 그러나 성공하는 사람들에게 있어서 실수를 저지르는 것은 나쁜 일이 아니다. 왜 그런 실수를 저질렀는지를 생각하는 계기가 되고 그것을 통과할 수 있는 기회가 되기 때문이다. 실수는 더욱 좋은 결과를 만들게 하는 사건일 뿐이다.

　한 번도 실수하지 않고 성공을 이뤘다는 것은 그가 굉장한 일

을 벌이지 않았다는 것이다.

　엄청난 성공을 이룬 사람은 어중간하지 않은 실수를 저지른
다.

행복을
당연한 것으로 여겨야 한다

다른 사람의 풍족한 인생을 보며 '저렇게 살 수 있는 건 일부 사람들뿐이야', '그건 특별한 예일 뿐이야', '그런 사람들은 원래부터 부자였어.' 라고 생각하는가?

이제 그런 일들은 특별하고 예외적인 것이며 이례적인 일로 생각하거나 자신과는 관계가 없는 다른 사람의 일로 여기지 말아야 한다.

왜냐하면 관계도 없는 일들이 당신 눈앞에 나타날 리 없기 때문이다.

눈에 보이거나 귀에 들리고, 가까이서 만질 수 있는 것들은 늘 당신을 자극하며 당신을 좋은 방향으로 이끌고 싶다는 사인을 보내곤 한다.

'다른 사람들의 일이야.' 라고 생각할 것인가, '언젠가 나도 저렇게 돼야지.' 라고 생각할 것인가. 어떤 생각을 하는지에 따라

그 현상을 보고 듣고 만진 뒤의 과정이나 결과는 변하게 된다.

행복한 인생은 당연한 것이다.

커다란 성공을 얻고 거대한 부를 쌓는 일도 '당연히 나에게도 이루어질 일이다.' 라고 생각할 수 있는 사람만이 그것을 이룰 수 있다.

나(필자)의 지인 중에 예전에는 패션 잡지 모델을 하다가 현재는 비버리 힐즈의 호화 저택에 살고 있는 여성이 있다. 그녀는 마치 아침부터 밤까지 우아한 시간을 보내기 위해 사는 것 같았다.

그녀는 아침에 일어나면 우선 예쁘게 화장을 하고 마음에 드는 옷을 입는다. 그리고 청명한 날씨 속에서 귀여운 애완견과 산책을 나가 신선한 바람을 쐰다.

점심은 친구를 불러서 유명 음식점에서 먹고 오후부터는 네일 살롱에 간다. 손톱을 정리하고 아로마 보디마사지로 심신의 피로를 푼다.

그다음은 '뭐 좋은 물건이 있으려나?' 하며 로데오 드라이브에서 쇼핑을 한다.

저녁은 집에 머무는 요리사가 맛있는 요리를 만들어준다.

그 사이 그녀는 우아한 음악 타임을 가지며 느긋하게 쉰다.

이런 일들을 매일, 진짜로 하고 있었다.

옛날에 나는 그녀에게 이런 질문을 한 적이 있다.

"어떻게 하면 그렇게 우아한 생활을 할 수 있어요?"

그러자 그녀는 미소를 지으며 이렇게 대답했다.

"어머, 나는 처음부터 이런 생활이 당연하다고 생각했었어요. 이런 생활밖에 상상하지 않았어요. 다른 생활은 어떻다는 거지요?(호호)"

그래서 나는 그녀의 남편에게 물었다.

"부인이 이런 우아한 생활을 하고 있는데, 밖에서 일하는 남편으로서 어떤 기분이 들어요? 조금은 집에서 가사일도 해야지.' 라는 생각도 들지 않아요?(하하)"

그러자 그는 이렇게 대답했다.

"왜? 왜 그런 생각을 해야 하지요?(허허). 나는 그녀가 계속해서 아름답고 늘 행복하고 우아한 여성으로 있어 줬으면 해요. 그런 그녀의 모습을 보는 게 나의 기쁨이에요. 나는 그녀가 이렇게 지내는 것이 그녀가 해야 할 일이라고 생각해요(하하)."

두 사람과 이야기 하고 있으니, '이런 풍족하고 사치스런 생활은 있을 수 없어!' 라고 생각하는 내가 더 이상하게 여겨졌다.

성공을 약속하며
행동하는 사람이 되어야 한다

　당신이 진정 성공을 원한다면 먼저 그 일을 할 때 '성공할 수 있을지 없을지 모르겠어.'라는 생각을 하지 말아야 한다. '성공은 이미 약속되어 있어!'라고 생각하며 나아가야 한다.

　그다음에는 자신의 진가를 어떻게 발휘할 것인가를 생각한다.

　'성공을 약속한다.'는 것은 아무런 정체도 없고 보이지도 않는 운명 같은 것에 약속하는 것이 아니다. '그 일에 실제로 연관되어 있는 바로 나 자신'과의 약속이다.

　'성공할 때까지 이 일을 계속해 나갈 것이다.'라고 스스로에게 약속해야 한다.

　정체도 모르는 운명 따위에 '신이시여~ 약속해 주소서~.'라고 비는 것이 아니라 '나는 반드시 성공해 보이겠어! 성공할 때까지 이 일을 하겠어!'라며 스스로에게 약속하는 것이다.

　무슨 일이 있어도 '하겠다.'라고 하는 자신과의 약속이기 때문에 도중에 무슨 일이 있어도 해야만 한다.

자신과 약속하지 않은 사람은 '신이 꿈을 이루어주지 않았다.'고 하는 등 모든 것을 운명의 탓으로 돌려버린다.

신이 당신을 지켜봐주고 있을지는 몰라도 모든 일을 해주지는 않는다. 끝까지 해나가야 하는 것은 바로 당신 자신이다.

'이렇게 열심히 하고 있으니까 신이 꼭 도와줄 거야. 나를 지켜줄 거야. 틀림없이 구해줄 거야.'라는 마음으로 하기 때문에 우주의 가호와도 약속하게 된다.

그러면 눈에 보이지 않는 존재를 마음에 모시고 전진할 수 있어서 힘을 낼 수도 있다.

만약 어떤 일을 아무리 거절당해도 그것을 포기하지 말아야 한다.

얼마든지 깨닫고 개선하며 성장해서 끝까지 완수해 내려고 할 것이다.

도중에 무슨 일이 있을 때마다 휘청거리고 비틀거리는 것은 자기 자신과 약속하지 않았기 때문이다.

'젊은 베르테르의 슬픔' 등의 작품을 남긴 독일의 시인이자 소설가이며 사상가인 괴테는 '행동이 전부다. 명예에 가치는 없다.'는 말을 남겼다.

성공한 사람이 되고 싶다면 먼저 행동 없이는 아무것도 일어나지 않는다는 것을 알아야 한다. 만약 많은 사람들이 그것을 진

짜 알고 있다면 말만 장황하게 늘어놓는 것이 아니라 다른 사람이 뭐라고 하기 전에 스스로 행동하고 있을 것이다.

행동 없이 성공은 있을 수 없다.

좋아하는 책을 읽어야 한다

　좋아하는 책을 읽으며 마음속의 즐거움과 보물을 늘린다.

　나는 원고를 쓰는 일을 하면서도 매일 5권의 책을 읽는다. 또 사무실로 출퇴근하는 시간에는 반드시 서점에 간다. 책을 사지 않는 날이 없을 정도로 서점에 가서 좋아하는 책을 찾아본다. 바쁠 때는 목차를 보고 읽고 싶은 항목만 읽어도 좋다. 자신이 구입한 책 전부가 자신에게 특별히 좋은 말이 아니어도 괜찮다. 아무렇지 않게 읽은 페이지에 '아! 그렇구나.', '앗? 그런 거야?', '이거는 미처 몰랐었는데.', '이런 말을 알게 돼서 다행이야.' 라며 그저 한두 개 정도 사소한 것들을 발견해도 좋다. 그 사소한 것들을 계기로 그때부터 크게 변하기 시작하기 때문이다.

　나는 운명적인 한 줄의 글을 만나고 싶어서 많은 책을 읽었다.

　책은 가까운 사람도 말해주지 않았던 것을 몰래 가르쳐 주기 때문에 그 감동적인 만남이 없으면 참을 수 없다.

목표대로 나아가야 한다

콜럼버스는 아메리카 대륙을 발견한 사람으로 유명하다.

그는 아무도, 아무것도 예측하지 않던 시대에 오직 혼자서 배에 희망을 가득 싣고 긴 항해를 떠났다.

그는 많은 사람들의 반대의견을 물리치고 목표한 방향으로 키를 잡고 나아가기 시작했다.

그리고 마침내 아메리카 대륙을 발견했다.

그런 그가 도중에 어느 물가에 도착했을 때, 한 사람이 그에게 이렇게 물었다.

'당신은 무엇을 하려는 겁니까? 매우 긴 항해가 될 것 같은데 그 사이 당신은 배 안에서 도대체 무엇을 하고 있습니까?'

그러자 콜럼버스가 이렇게 대답했다고 한다.

'나는 서쪽으로, 그저 서쪽으로 갈 뿐입니다. 그것이 내가 해야 할 일이기 때문입니다. 어제도 그 전날도 계속해서 나는 서쪽으로 향하고 있었습니다. 그리고 오늘도 내일도 내일 모레도 나는 서쪽으로 갈 것입니다. 이것은 매우 중요한 일입니다. 왜냐하면 그 방향에 내가 찾고 있는 것이 있다는 것을 알기 때문입니다. 그리고 나는 아직 아무도 보지 못한 그 장소에 정말로 그것이 있다는 것을 믿고 있습니다. 그러므로 그저 그 믿음을 향해 돌진할 뿐입니다.'

많은 사람들은 꿈이나 희망을 향해 나갈 때 무엇을 위해서인가, 어떻게 하기 위해서인가라고 하는 질문에 너무나 구애를 받는다.

그러나 아무리 시간이 걸리더라도 자신이 믿고 있는 것을 확실히 손에 넣는 사람은 그런 이유에 연연하지 않는다. 그저 그렇게 믿고 그 현실을 보고 싶다는 일념으로 나아간다. 그렇게 하고 싶기 때문에 하는 것이라는 방식을 일관할 뿐이다.

인맥을 쌓기 위한 파티에는 가지 말아야 한다

크게 성공한 사람들은 자신들처럼 큰 성공을 이룬 사람들과 어울린다.

어떻게 알게 됐는지를 물어보면 대부분이 '연결고리가 있다.' 고 대답한다.

'인맥을 쌓기 위해서 다른 업종과의 교류 파티 같은 데는 가지 않습니까?' 라고 물어보면 '거기에 가지 않아도 윗사람들끼리 전부 연결되어 있어서 안 가도 된다.' 라고 말한다.

예전에 이 이야기를 들었을 때는 그 느낌을 잘 알지 못했다. 그러나 내가 정말로 성공의 계단을 오르게 되자 나는 놀랄 수밖에 없었다. 아주 적합한 때에 알맞은 형태로 내게 필요한 사람들이 적절한 방법으로 점점 나타나는 것이었다.

성공한 사람들은 모두 성공의 수레바퀴 안에 있다. 그 안에서 서로 공감하며 더욱 위로 올라가기 위해 적극적으로 손을 잡고 있다.

그 성공의 수레바퀴는 그저 똑같은 곳을 빙빙 돌고 있는 일정한 수레바퀴가 아니다. 나선 모양으로 되어 있어서 계속해서 높이 오르고 있는 성공의 수레바퀴이다.

중요인물을 붙잡아야 한다

만약 당신이 진짜 힘 있는 사람과 만나고 싶다면 인맥 파티에는 갈 필요가 없다.

대부분의 사람들은 성공하기 위해서 일부러 만남을 찾아다닌다. '그런 데라도 안 가면 아무도 못 만난다.'라고 말하며 부랴부랴 파티 같은 곳에 쫓아다닌다. 그리고는 이 사람 저 사람 할 것 없이 수백 장의 명함을 뿌리는 날들을 보낸다.

그러나 '일단 누구라도 만나야 해!'라며 지나치게 거기에만 매달리다가는 결국 남는 것은 누군지 얼굴도 모르는 명함뿐이다.

그래도 인맥 파티에 간다면, 그때는 얼마나 많은 사람을 만나는가가 아니라 어떤 사람을 만날 것인지에 주의해야 한다.

지금은 세계 각국의 VIP나 유명인들과도 교류하고 있는 어느 여성 기업가가 말했다.

'만약 당신이 인맥을 활용해서 확실하게 성공하고 싶다면, 어떤 종류의 파티라 하더라도 일단 그 파티의 주최자와 꼭 인사를 나눠야 합니다. 명함을 교환하고 얼굴도 익혀두어야 합니다. 왜냐하면 그 주최자야말로 그 파티에 온 모든 사람들을 불러 모으는 힘을 가지고 있는 주요 인물이기 때문입니다. 그 주요 인물을 제쳐두고 다른 사람들과 아무리 명함을 교환해봤자 아무것도 얻을 수 없다.'

운이 좋은 사람과
가까이 지내야 한다

잘 나가는 인생, 성공한 인생, 행운 같은 인생을 살고 싶다면 운이 좋은 사람과 가까이 지내는 것이 좋다.

운이 좋으면 당신이 하는 일은 능률이 효과적으로 높아진다. 운이 나쁘면 당신이 하는 일은 아무런 공적도 없이 나쁜 결과가 나올 수도 있다.

그 운을 좌우하는 요소 중 한 가지가 바로 다른 사람들과의 관계이다.

운이 좋은 사람은 밝고 긍정적이며 파워풀하다. 어떤 일을 하더라도 그 흐름이 순조롭다.

운이 없는 사람은 어둡고 부정적이며 기분도 처져 있다. 어떤 일을 하더라도 일의 흐름이 서투르고 망가지기 십상이다.

본인의 운이 좋아도 함께 일하는 사람의 운이 없으면 본인의 일 전부가 악화되거나 망가지는 영향도 받게 된다. 그러므로 누구와 가까이 지내는가는 매우 중요한 사항이다.

그러나 너무 걱정할 필요는 없다. 당신의 운이 좋아지면 운 없는 사람은 절대로 접근하지 않기 때문이다. 운이 좋은 사람들만이 당신의 주변에 모여들게 될 것이다.

'고맙다'는 말을 한다

평소에 언제든지 '고맙다.'는 말을 하는 습관을 가지고 있으면 다양한 풍족함을 얻는 마법 같은 힘을 경험하게 된다.

직장에서만이 아니라 슈퍼에 가거나 택시를 탔을 때도 내가 먼저 '고맙습니다.'라고 말하는 것이 훨씬 더 기분 좋은 일이다.

이런 이야기를 하면 순수하게 이것을 실천하려는 사람도 있지만 그렇지 않고 오히려 이런 말을 하는 사람들이 있다.

"내가 '고맙다.'고 말해도 모르는 척하는 사람도 있다. 뭘 해줘도 '고맙다.'는 말을 안 하는 사람도 있는데 일일이 내가 고마워, 고마워하고 말하면서 좋은 사람인 척하지 않아도 되지 않는가?"

그러나 '고맙다.'는 말은 상대방이 무얼 해주길 바라고 답례를 받고 싶어서 하는 말이 아니다.

자신이 먼저 그 말을 함으로써 감사의 마음을 갖게 되는 일상

267

이 기분 좋은 것이기 때문에 그렇게 하는 것이다.

　다른 사람을 위해서 강제로 할 필요는 없다.

　'고맙다.'고 말하면 자신의 마음이 풍족해진다.

　'고맙다.'고 말하는 것은 기분 좋은 일이다. 더불어 기분 좋은
기적도 일어나게 하는 신비한 마법을 가진 말이다.

불평 · 불만이 많은 사람을 조심해야 한다

다른 사람을 붙잡고는 투덜투덜 불평 · 불만을 털어놓는 사람이 있다. 그러한 사람과는 상대하지 않도록 해야 한다.

당신이 무언가 의미 있는 일을 밀고 나가려 한다면, 또는 스스로 가치 있는 것을 만들어내고자 한다면 불평 · 불만이 많은 사람과 어울려서는 안 된다.

그 사람들과 어울리는 것은 당신 또한 그 말에 공감하고 동조하는 것과 똑같은 것이기 때문이다.

불평 · 불만을 주고받으며 기분 전환을 할 때의 쾌감을 아는 사람은 누구에게 이 일을 말하면 좋을지를 안다. 누구와 말했을 때 이 일이 재미있고 우스운 이야기로 부풀어지는지, 누가 같이 푸념을 늘어놓을 수 있을지를 알고 있다.

이런 사람에게 선택되어서는 안 된다.

불평 · 불만을 말하기 시작하면 이 세상에 말하고 싶은 것들이 한두 가지가 아니다. 그러나 중요한 것은 그 안에 빠져 있느냐 그렇지 않느냐 하는 것이다.

또한 불평·불만의 감정 에너지는 그 감정을 증폭시키며 또 다른 불평·불만을 야기한다.

그러므로 도중에 이야기를 끊을 줄 아는 지혜가 필요하다.

자신의 생각대로
조작해서는 안 된다

좋은 인간관계를 유지하는 비결은 상대방에 대해서 일절 조작하지 않는 것이다. 이것은 일이나 연애, 어떤 인간관계 속에서도 마찬가지이다.

'상대방이 이렇게 되었으면 좋겠다, 이 점을 고쳤으면 좋겠다, 이렇게 해야 한다.' 고 하는 생각을 당신이 강하게 가지면 가질수록 상대방은 무의식중에 그것을 간파한다. 그리고 당신이 싫어하는 그 일을 더 많이 하게 된다.

왜냐하면 상대방은 당신의 마음을 느끼고 그것에 저항하기 때문이다.

하지만 당신이 그 일을 의식하지 않고 있는 그대로의 그 사람을 받아들인다면 상대방은 당신이 강요하지 않는 것을 느끼고 기분이 좋아진다. 그래서 당신이 원하는 대로 스스로 좋게 변하려고 한다.

유대관계를 쌓아야 한다

언젠가 한 사람이 하느님께 물었다.

'하느님, 사랑하는 사람이나 소중한 사람과 어떻게 하면 좋은 관계를 맺고 유대관계를 쌓을 수 있나요?'

그러자 하느님은 이렇게 대답했다.

'상대방의 태도나 말이 어떠하든지 네가 상대방을 소중히 여긴다면 네가 먼저 상대방을 배려하여야 한다. 그에게 아무런 변화가 없고 마음을 열지 않아도 그 배려하는 마음을 계속해서 보여주어라. 그러면 상대방의 마음이 조금씩 열리는 순간이 찾아올 것이다. 그때, 네가 보여준 따뜻한 마음씨를 상대방이 받아들인다면 그때부터 인연이 시작될 것이다.'

당신이 친해지고 싶은 사람은 누구인가?

그 사람에게 먼저 따뜻한 마음을 보여주어야 한다.

사람은 결코 혼자서는 성공할 수 없다.

어떤 일을 하려고 해도 그것을 활용할 장소나 장면을 주는 사람, 더 큰 기회를 주는 사람, 그 일의 규모를 더욱 넓혀주는 사람, 그것을 구해서 손에 쥐어주는 사람이 있기 때문에 성공할 수 있는 것이다.

그 사람 덕분에 이루어진 일들과 그 사람이 있어 줌으로써 연결된 일들에 대해 매회 감사하는 마음을 가지고 그것을 소중히 간직해야 한다.

만남이 새로워지거나 오래될수록 그 도움을 당연한 것으로 여기기 쉽다. 그러나 그렇게 오랫동안 곁에 있어준 사람들에게야말로 '고마워, 네가 있어준 덕분이야.' 라고 감사의 말을 건네야 한다.

분명 상대방은 그 말의 소중함을 제대로 느끼고 더욱 깊이 당신을 받아들여줄 것이다.

1억 원짜리 가방을 갖자

언젠가 3명의 자녀를 둔 남성이 회사에서 해고된 적이 있다. 그는 그때까지 가족들을 부양하기 위해서 빠듯하게 생활했기 때문에 충분한 저금도 없어 어찌할 바를 모르고 있었다.

몇 번씩 회사 면접을 봐도 좀처럼 채용되지 않았다. 일을 얻지 못하자 밤에는 잠도 오지 않았다. 그런 날들이 계속되었다.

그 남자는 자고 있을 때도 깨어 있어도 '돈이 필요해! 돈! 돈!' 이라며 가위에 눌린 듯 말했다.

그러던 어느 날, 구인광고를 보려고 손에 든 신문을 보자 '이 종이가 지폐였다면 얼마나 좋을까.' 라는 생각이 들었다. 같은 종이인데도 전혀 가치가 다른 것에 화가 났다.

그 남자는 별 생각 없이 가위로 신문지를 1만 원짜리 크기로 삭둑삭둑 잘라보았다.

그것을 10장 정도 만들어서 지갑에 넣었을 때는 눈물이 났다.

'진짜 돈이 갖고 싶어!'

남자는 집 안에 있는 신문지란 신문지는 다 모아서 그것을 전부 잘랐다. 100만 원 다발처럼 끈도 묶었다.

그리고 며칠 뒤에는 마침내 신문지로 1억 원어치의 지폐다발을 만들었다.

남자는 그것을 여행 가방에 넣고 잠시 바라보았다.

'이것은 1억 원이 들어 있는 가방이다.' 라고 마음속으로 중얼거렸다.

그러자 그것이 진짜 1억 원인 것 같은 기적 같은 기분이 들었다. 돈에 대한 걱정이 말끔히 사라지고 왠지 안심이 되었다.

다음 날, 그는 아무도 채용해 주지 않으니 자기가 회사를 세워야겠다고 생각했다. 그리고 인생에서 성공하기 위한 교재를 생각해 내었다.

그것을 팔기 위해 열심히 활동한 결과, 그의 인생은 크게 바뀌게 되었다.

그해, 그가 번 돈은 무려 4억 원이었다.

그는 기쁨과 함께 진짜처럼 보였던 신문지 1억 원에서 시작해서 진짜 돈을 손에 넣게 되어 안도했다. 완전히 부자가 된 기분이었다.

그는 풍부한 감정의 반향으로 실제로 거금을 손에 넣을 수 있었던 것이다.

좋은 날을 골라서 행동하되
그 가치를 알아야 한다

　자기 자신이건, 신이건, 잘 나가는 법칙이나 행운의 징크스 등이든 무언가 믿는 것이 있는 사람은 강인하다.

　믿은 대로 될 것이라는 믿음대로 결국은 그것을 이루게 된다.

　믿음은 당신을 결코 불안하게 만들지 않는다.

　성공한 사람은 '좋은 날'을 골라서 행동한다.

　여기서 '좋은 날'이라고 하는 것은 길일이나 불멸일 등을 고려하라는 말이 아니다.

　사주팔자나 별자리 운세 같은 것도 아니다.

　'기분이 좋은 날!'

　'왠지 그것은 오늘일 것 같은 기분이 들어!'

　'오늘, 그 일을 해두자!'

　하는 느낌이 드는 날이다.

　감각적으로 행동으로 옮겨야 하는 날인지를 보는 것이다.

'왠지 모르겠지만 오늘은 컨디션이 좋아!' 라고 하는 때에는 그 기분에 편승해서 다른 일들도 잘하게 된다.

그것은 '무슨 일이 있으면 바로 행동'하는 습관이 있는 사람들의 특유의 경험에서 나오는 직감이다.

그리고 대개 그러한 때에 무슨 일을 하게 되면, '역시 이렇게 해둬서 다행이다!' 라고 여기게 된다. 또 그 일이 좋은 결과로 이어지기도 한다.

행동하는 습관이 없는 사람은 늘 타이밍이 좋지 않을 때 행동한다. 그래서 전부 과녁을 벗어나버리고 만다.

프랑스 철학자 몽테뉴는 '언젠가 할 수 있는 일은 오늘도 할 수 있다.' 라고 말했다.

'언젠가, 또, 다음은 기다려도 전혀 오지 않는다.' 라고 하는 말도 있다.

오늘 하는 것에 가치를 느끼고 실제로 오늘 그 일을 하는 사람은 상상하던 행복을 손에 넣을 수 있다.

오늘이 최후의 날로 여겨질 정도로 오늘을 존중하며 살아가는 사람이 얼마나 있을까.

오늘 한다!

그것이 그때의 최대의 행운을 손에 넣는 비결이다.

My Note

3장

'성공 마인드'를
기르는
방법

달성시키고자 하는 마음 자세가

모든 것을 돌파하고 이루어 나간다

'왜?'를 생각해야 한다

발명왕 에디슨은 성공하는가 못하는가에 대해 매우 심플하면서 실로 정확한 말을 남겼다.

'왜 성공하지 못하는가 하면 그것은 생각하는 노력을 하지 않았기 때문이다.'

에디슨은 어렸을 때부터 무엇이든지 '왜, 왜?' 하며 학교 선생님과 어머니께 물어보고 다녔다. 모르는 것은 그 답을 알고 자신이 납득할 때까지 어떻게든 찾아서 그 답을 손에 넣었다고 한다.

하루는 학교 선생님이 수업을 진행할 수 없을 정도로 에디슨은 끈질기게 묻기 시작했다. 그러자 선생님은 에디슨에게 모욕적인 말들을 내뱉었다.

어머니는 학교에 항의를 하러 와서 에디슨을 귀찮게 여기는 선생님으로부터 에디슨을 데리고 왔다. 그리고는 학교를 그만두

게 하고 자신이 직접 곁에서 가르치기 시작했다.

그 후에도 에디슨의 탐구심과 흥미는 사라지는 법이 없었고 어른이 되어서도 변함이 없었다. 그리하여 그는 이 세상에 수많은 발명품을 남길 수 있었다.

우리가 에디슨의 호기심과 탐구심을 조금이라도 가지고 있다면 분명 더 잘할 수 있는 일들이 많을 것이다.

'왜 그 상품만 팔고 있는 걸까?'

'왜 사람들은 그것을 요구하는 걸까?'

'왜 저 사람만 사랑받는 걸까?'

'왜 저 사람에게만 오퍼가 들어오는 걸까?'

'왜 저번 일은 잘 풀리지 않았던 거지?'

'왜 이번에는 전보다 편하게 했는데 일이 잘 풀린 걸까?'

그 '왜?'의 답은 전부 그 대상 속에 포함되어 있다. 그리고 그 대상은 해답을 발견하길 늘 바라며 '왜?'를 해명하고 싶어 하는 사람에게 사인을 보내고 있다.

그 일에 대하여 자세히 알아야 한다

    다수의 희귀한 별과 미해명되었던 별자리를 발견한 어느 유명한 천문학자가 있었다. 그에게 '어떻게 그 별을 발견하게 되신 겁니까?', '그 별이 몇 억 광년 전의 것이라는 것을 어떻게 아셨습니까?' 라고 물었다. 그러자 그는 이렇게 대답했다.

    '나는 뭔가 있지 않을까 하는 생각에 늘 하늘을 관찰합니다. 그러던 어느 날 그 별을 발견했습니다. 그리고 그 별을 가만히 보고 있었지요. 그러자 별이 나에게 여러 가지 이야기를 해주며 가르쳐 주었답니다. 그저 그것을 자세히 바라보고 있으면 그 안에 모든 답이 있습니다.'

    알고 싶다면 그것을 자세히 봐야 한다.

    성공을 손에 넣는 비결은 그 일에 대하여 자세히 아는 것이다.

    성공이 무엇인지 알고 싶다면 우선, 성공한 사람들이 하는 일을 자세히 관찰해야 한다.

지혜롭게 부탁해야 한다

가끔씩 혼자 행동하는 것만으로는 생각만큼 일이 잘 안 풀리고 다른 사람에게 그 일을 부탁할 수밖에 없는 경우가 있다.

그 일에 적합한 사람의 협력이나 서포터, 원조가 있음으로 보다 발전적으로 일이 잘 풀리는 경우도 있다.

그런 때에는 부탁을 잘해야 한다.

능숙하게 Yes를 얻기 위해서는 다음을 기억해야 한다.

① '가볍게 부탁한다.'
② '정중하게 부탁한다.'
③ '열정과 감동을 보여준다.'
④ '자발적으로 임할 것이라는 자세를 전한다.'

가볍게 부탁한다고 하는 것은 '해줘, 해줘.' 하고 경망스럽게 부탁하는 것을 말하는 것이 아니다.

상대방이 부담을 느끼거나 마음이 무겁지 않도록 부탁하는 것이다.

'제발 꼭 좀 부탁드립니다!'

'이게 해결되지 않으면 전 죽을지도 모릅니다!'

'당신밖에 부탁할 사람이 없습니다. 거절하시면 정말 안 됩니다.'라고 말하며 부탁하는 것은 최악의 방법이다.

그럴 때에는 이렇게 부탁한다.

'○○을 하려고 생각 중이어서 저는 △△를 해보려고 합니다. 만약 가능하다면 ㅁㅁ를 부탁드립니다.'

'그것이 가능하다면 일이 잘 진행될 것입니다. 함께 해보지 않으시겠습니까?'라는 등 상대방이 부담을 느끼지 않는 동시에 거절해도 괜찮다고 하는 분위기를 전한다. 함께 하면 즐거울 것이고 이 일을 받아들여도 아무런 손해를 보지 않을 것이라는 것을 제시한다. 그 일에 Yes라고 말하지 않아도 상대방과의 관계는 지금까지와 조금도 변하지 않을 것이라는 것을 보여준다. 그러니 안심하고 들어주길 바란다고 말한다.

그리고 그 일을 하고자 하는 당신 자신이 열정적으로 참여하며 자발적으로 행동하고 어떤 결과라 하더라도 기꺼이 받아들이겠다는 것을 말한다. 그러면 그 사람은 함께 일하는 것을 주저하지 않을 것이다. 팔을 걷어붙이고 도와줄 것이다.

할 수 없다고 말해써는 안 된다

다른 사람보다 규모가 크거나 좋은 직업을 갖고 돈을 많이 버는 사람은 새로운 의뢰가 들어왔을 때 기본적으로 그 일을 '거절하지 않는다.'

아주 좋은 일이나 큰돈을 버는 일, 완수하면 각광을 받는 일들은 어떤 분야라 하더라도 대개 가장 바쁜 인기 직장인에게 돌아간다.

보통의 사람들은 바쁠 때 새로운 의뢰가 들어온다거나 중요한 일에 연관되어 있는데 다른 큰 작업이 주어지면 그것을 거절하는 쪽으로 생각한다.

하지만 다른 사람들보다 출중하게 성공을 했다거나 높은 보수를 받는 사람들은 늘 '할 수 없다.' 라고 말하지 않고 '하겠다.' 라고 말한다.

바로 그 점이 성공하지 않은 사람과 다른 점이다. 그리고 그다음에 이어지는 행동도 다르다.

실은 그렇게 의뢰를 받아들여도 대개 그러한 사람들은 바쁘기 때문에 '시간을 융통성 있게 사용한다.'

일단 '하겠다.'고 말해 놓고 그다음부터는 움직이기 쉬운 방법이나 하기 쉬운 시간의 흐름, 가장 도움이 되는 방법을 상대방과 융통성 있게 협의하는 것이다.

많은 사람은 그렇게 융통성 있게 일하는 것을 좋지 않게 생각한다. 그럴 거면 처음부터 거절했어야 한다고 말이다. 하지만 상대방의 입장에서 보면 '당신이 이 일을 해주길 원해서 찾아온 것'이기 때문에 Yes란 대답을 받고 돌아가는 편이 훨씬 기쁘다.

그러므로 '할 수 있다.'고 말하고 받아들인 다음에는 이쪽에서도 '이렇게 하는 식으로 꼭 하겠다.'라고 확실성을 제시한다. 그렇게 안심하고 융통성 있게 조절한 다음 그 일을 완수한다.

그러면 새로운 행복이 다시 찾아올 것이다.

수비를 확실히 해야 한다

성공하고자 하는 사람 곁에는 협력하는 사람도 있지만 발목을 붙잡는 사람이 접근하는 경우도 있다.

그럴 때 나쁜 영향에 신경 쓰지 않고 자신이 생각한 길을 확실하게 가기 위해서는 수비를 확실히 해야 한다.

그 일에 적합한 전문가나 법률가 등 당신의 소중한 것을 지켜줄 만한 파트너를 늘 곁에 두어야 한다. 이것도 성공하는 사람들의 중요한 일 중 한 가지이다.

한 변호사가 있었다. 그는 어떠한 사건이라도 거의 대부분 승리하고 권리나 명예, 일의 질을 지키는 데 뛰어난 변호사였다.

그때, 변호사는 이것을 가르쳐 주었다.

'앞으로 더욱 비약적으로 발전하고 큰 성공을 얻고 싶다면 공격력 이상의 수비력을 가져야 한다. 세상에 진출해서 처음으로 스스로 성공을 이루어낸 사람은 원래부터 파워를 가지고 있다.

점점 앞으로 나아가고 위로 올라갈 수 있는 강한 공격력을 가지고 있다. 하지만 거기서 안심하고 방심하고 있으면 나쁜 일을 꾸미고 치사한 생각을 하는 사람들의 먹이가 되어 버린다. 그런 사람들로부터 자신을 지키기 위해서는 확실한 수비가 필요하다.'

바로 자신을 둘러싼 신뢰할 수 있는 브레인들이 필요하다. 재산을 지켜주는 재무 관리사나 권리관계를 지켜주는 법률가 같은 힘을 발휘할 수 있는 수비를 가져야 한다.

우리는 성공의 계단을 올라가는 도중에 본의 아니게 영광의 사다리를 놓쳐버린 연예인이나 더 이상 인정받지 못하는 음악가, 매장당한 정치가 같은 사람들을 많이 봐왔다. 그들은 수비를 하지 못해서 지금까지 있는 힘껏 노력해 온 것들을 잃고 말았다. 그들은 분한 눈물을 흘리며 격노했다.

그러므로 자신이 이루어온 일이나 명예, 재산, 모든 것을 안전하게 지키기 위해서는 전문가를 붙여 수비를 확실히 해야 한다.

변호사를 선임하는 데 드는 비용이 아까운 것이 아니다. 지금까지 이루어온 것들이 전부 무너지는 것이 아까운 것이다.'

위험을 감수해야 한다

앤드류 카네기는 아메리카의 철강 왕이며 세계 제일의 억만장 자이다. 역사상 크게 이름을 떨치고 지금은 거대한 부를 쌓은 성공철학을 세상에 침투시킨 실업가이다. 그런 그가 반드시 성공하는 인물을 구분하는 조건으로 "자유로우며 위험을 감수하고 자발적으로 일하는 인간"을 말했다.

이러한 조건을 가지고 있는 인물이라면

만약 지금 무명이라 하더라도,

만약 지금 아무것도 아닌 사람이라 해도,

만약 지금 아무도 성공한 사람이라고는 인정하지 않는 사람이라 하더라도, 만약 지금 무일푼이라 하더라도,

장래 반드시 출중한 성공한 사람이 될 것이라고 말했다.

그리고 그것을 조사하고 실증하여 성공철학으로 체계화한 일대 사업을 성공시킨 것이 카네기의 이론을 받아들인 나폴레옹

힐이다.

그도 역시 먹는 것도 뜻대로 되지 않는 상황 속에서 카네기가 말한 대로 실천하여 거대한 부를 얻은 인물이다.

성공하는 사람들만이 보고 있는 것, 성공한 사람들만이 가지고 있는 특질을 체득할 수 있는 사람이 그들과 마찬가지로 성공하게 된다.

그리고 그중에서 다른 사람들이 피하고 싶어 하는 일을 스스로 나서서 하는 사람은 그것을 위험이 아닌 플러스로 만들 확신이 있기 때문이다. 그러한 확신이 있으므로 결국 끝까지 일을 해낼 수 있는 것이다.

배수의 진을 쳐야 한다

많은 사람들이 길에서 망설이거나 무엇에 몰두하지 못하는 이유는 '도망칠 곳이 있다.'는 생각과 '아직 선택할 여지가 있다.'는 생각 때문이다.

만약 문이 닫혀 있는 방 안에 출구가 단 하나밖에 없다면 사람들은 망설임 없이 그쪽으로 나갈 것이다.

이렇듯 가끔은 길이나 출구가 많은 것이 오히려 사람들을 헤매게 하고 미궁에 빠뜨린다.

길이 단 하나밖에 없다면 그곳으로 갈 수밖에 없다.

그 앞에 무엇이 있는지 보이지 않더라도 그곳으로 갈 수밖에 없다는 각오를 가진 사람은 결국 그곳에서 빛을 발견하고 눈부신 영광을 손에 넣는다.

위험을 감수하지 않으면
일류는 될 수 없다

영화 '보디가드'에서 주인공인 가수 레이첼은 영광스러운 상을 수상하게 된다. 큰 기회와도 같은 그 무대에 오르는 날, 그녀의 목숨을 노리는 협박장이 도착한다.

그녀를 지키려는 보디가드와 주변 사람들은 그 일을 매우 걱정하며 어떻게든 그녀가 무대에 오르지 못하게 한다.

하지만 그녀는 그런 위험이 일어난다고 해도 어떻게 해서든지 무대에 올라 노래하겠다는 생각을 굽히지 않았다.

그녀는 자신의 보디가드이며 그녀를 사랑하는 그에게 이렇게 말했다.

'1인지 8인지 모르는 승부에 나선 적 없어? 그런 위험을 감수하지 않으면 일류는 될 수 없어.'

누구나 살아가는 중에 한두 번은 인생의 기로에 서게 된다.

그때 위험스런 일이 앞길을 막아선다면 어떤 길을 선택하고

어떤 답을 내겠는가?

성공하는 사람은 그런 때에도 커다란 내기에 나선다.

거기에는 치사하게 계산하거나 사내답지 못하게 손익을 따지지 않는다. 보다 잘살고 싶고 잘해나가고 싶은 직관과 함께 앞으로 나아가고 싶다는 생각만이 있다.

사람들을 매료시키는 큰 성공을 이룬 사람은 자신의 세계를 사랑하기 때문에 위험한 상황 속에도 스스로 뛰어 들어가고는 한다.

목숨을 걸고 그 사랑하는 것을 완수하고자 하는 것이다.

그때 그 사람이 취한 행동이 많은 사람들의 가슴을 울리며 모두를 감동시킨다. 멈추지 않는 감동이 이어지며 믿을 수 없을 정도로 행복한 기적이 하늘로부터 주어지는 것이다.

다른 사람의 칭찬은 필요 없다

다른 사람들에게 인정받기 위해서 일을 할 때보다 스스로를 인정하며 일을 할 때 훨씬 더 큰 파워가 나온다. 그리고 성공한다.

다른 사람들이 아무리 인정해줘도 스스로를 의심하거나 자신이 하는 일에 불안을 느끼는 사람은 그 일을 완수하지 못한다.

반대로 다른 사람들이 인정해 주지 않고 칭찬하지 않더라도 스스로 '나는 할 수 있어!', '이렇게 열심히 하다니, 나는 대단해!' 라고 생각하며 일을 하는 사람은 무적이다.

다른 사람의 칭찬이나 인정을 필요로 하지 않는 사람은 잡념이 없고 바로 그 일에 뛰어들 수 있다.

이러한 자세 덕분에 우주로부터 인정을 받고 서포터를 받을 수 있다.

천재는 최선을 다하는 사람이다

독일 출신의 이론물리학자인 아인슈타인은 노벨물리학상을 수상하고 천재라며 칭찬받았다. 그런 그가 이런 말을 남겼다.

'나는 천재가 아니다. 그저 다른 사람들보다 한 가지 일에 몰두해 온 것뿐이다.'

천재는 하늘이 준 재능을 살리기 위해 자신을 활용할 수 있는 길이나 열중할 수 있는 일에 몰두한다. 그리고 그 길에 시간과 노력을 아낌없이 쏟아 붓는다.

또 클래식 콩쿠르의 세계대회에서 큰 상을 받은 한 음악가도 세계적인 명성을 얻고 천재라고 불리는 것에 대해 이렇게 대답했다.

'나는 음악이 마음에 와 닿았을 때부터 계속해서 음악을 좋아하고 이 악기가 좋아서 매일 매일 그저 연습만 하며 세월을 보냈다. 좀 더 잘하고 싶고 좀 더 아름다운 소리를 내고 싶었다. 더 많은 이들에게 들려주고 싶어서 아침부터 밤까지 음악과 사귀어 왔다. 음악에 빠져 있는 것이 당연한 일과가 되어 이렇게 된 것 뿐이다.'

그리고 한번은 음악 분야에서 성공하고 싶어 하던 한 사람이 그녀를 찾아와 이렇게 물었다.

'저도 선생님처럼 음악의 길에서 성공하고 유명해지고 싶어 요! 어떻게 하면 선생님처럼 훌륭한 음악가가 될 수 있습니까? 저에게도 큰 무대에 서서 활약할 수 있는 기회가 있을까요?'

그러자 음악가는 이렇게 대답했다.

'당신은 얼마나 연습하고 있습니까? 만약 매일 악기를 만지지 않고 있다면 그것은 논외입니다. 어쨌든 매일 음악을 접하고 열심히 연습하세요. 음악에 빠져드세요. 그렇지 않고서는 하루를 시작할 수 없을 정도로 그 일을 사랑하고 마음으로부터 빠져드 세요. 그렇지 않으면 음악을 마음 깊이 사랑하고 매일 음악에 빠 져 있는 사람에게는 절대로 이길 수 없습니다.'

그 '이길 수 없다.' 라는 것은 어떠한 승부를 말하는 것이 아니 다. 또 실력이 뒤떨어진다는 것도 아니다. 바로 이러한 어마어마 한 대전방식을 가리키며 말한 대사이다.

어떤 분야에서 천재라고 불리는 사람들은 모두 '최선을 다하 면 된다.'고 하는 답을 알고 있다. 그리고 실제로 그렇게 하고 있다. 매일을 살아가며 자신이 가질 수 있는 모든 시간을 꿈에 걸고 있다.

모두가 하지 않아도
나 혼자서라도 한다

어느 관광지에서 한번은 불황의 영향을 받아 여관을 운영하는 대표들이 한자리에 모이게 되었다. 어떻게 하면 여관이 있는 관광지를 부흥시킬 수 있을까하는 이야기를 했다.

하지만 모여서 이야기를 하면 할수록 '그렇게 하면 우리 쪽에는 좋지 않습니다.', '그건 그쪽에만 메리트가 있고 우리와는 관계가 없는 일입니다.', '그쪽 사정만 이야기하지 말아주세요.', '우리는 거기에 반대합니다.' 라며 각자의 기호대로만 이야기하기 시작했다. 부흥계획은커녕 무엇 하나 맞는 의견이 없어서 결국 아무것도 결정하지 못했다.

그러던 중에 한 사람만이 이렇게 말했다.

'당신들 정말로 할 마음이 있는 겁니까? 듣고 있으니 당신들은 정말 치사하군요. 자신의 이익이나 메리트만 계산하고 이상만 얘기하면서 아무도 어떻게 하면 손님이 기뻐할까를 생각하지 않는군요. 그런 사람들과 의견을 맞추고 싶지 않습니다. 나는 내 방식대로 하겠습니다.' 라고 말하며 자리에서 일어났다.

그렇게 해서 그 사람만이 손님이 기뻐할 만한 일, 손님이 편안히 묵을 수 있는 곳, 손님에게 득이 되는 것을 열심히 생각했다. 그리고 그것을 자신의 여관에서만 실행했다.

그러자 이용객들의 입소문을 타고 순식간에 손님들이 그곳으로 쇄도하기 시작했다.

그리고 그 여관이 번영되자 그 여관에 식재료와 특산품 등을 도매하는 상점과 그곳을 거점으로 하는 택시 같은 그곳과 관계된 모든 곳들이 번영되기 시작했다.

진짜 성공을 생각하는 사람은 누가 반대를 하든지, 다른 사람과 의견이 맞지 않더라도 늘 자신이 해야 할 일을 바르게 파악한다. 또 '모두가 하지 않아도 나 혼자서라도 한다!' 고 말하며 용감하게 행동한다.

그러한 사람은 아무리 시대가 불황이라 하더라도 그 안에서 풍족한 성공을 이루는 '혼자서도 승리할 수 있는 사람' 이다.

가치 있는 일을 해야 한다

세계적으로 유명한 영화배우인 오드리 헵번은 인생의 마지막 시간들의 대부분을 최대한 자선사업을 하는 데 바쳤다.

그리고 그녀는 이런 말을 남겼다.

'유명해져서 정말 다행이다. 이렇게 가치가 있는 일을 할 수 있으니 말이다.'

이 세상에 정말로 필요한 일이고 바른 일이라고 하더라도 이름도 알려지지 않은 평범한 사람이 혼자 행동하면 그 일의 중요함이나 진가를 알아주는 사람은 많지 않다.

성공한 사람들은 주어진 장소에서 만들어지는 새로운 가치를 알고 있다.

그래서 사랑과 영혼의 활동을 하기 시작한다.

신이 한 사람을 성공시키고 이름을 떨치게 하고 위로 올라가게 한 것은 꼭 해야 하는 중요한 일이 있기 때문이다. 그것을 그 사람에게 시키기 위해서 그 사람을 택한 것이다.

　무엇보다도 이 세상에 널리 알려야 할 위대한 일은 신의 의지를 구현하는 모든 사람의 행복을 이루어주는 일이다.

　누군가의 영혼이 깨어지고 성장하여 사랑을 품고 살아가며 구제하는 것을 통해 한 사람 한 사람의 영혼이 가지고 있는 에너지의 질이 좋아진다. 그리고 이 세상은 천국으로 변한다.

4장

'셀프케어'를 충실하게 하는 방법

치료하고 감싸고, 감싸 안는 것은
다음에 더욱 행운을 가져다준다

지치지 않도록 관리해야 한다

'심신이 지치지 않도록 한다.'는 것은 성공하고자 하는 사람들뿐만 아니라 누구에게나 중요한 요소이다. 그것은 자기 자신과 운명을 구하는 것이기 때문이다.

사람은 지쳐 있을 때, 상상력이나 행동력, 창조력이 저하된다.

본래의 원기가 있으면 편하게 할 수 있고 어려움 없이 처리할 수 있는 일도 피곤하면 제대로 처리하지 못한다.

때때로 지칠 때까지 일을 하는 것이 좋은 것이라는 생각에 몸과 마음을 혹사시키는 사람이 있다. 그리고 그것을 일을 열심히 한 증거라고 착각하고는 한다.

그러나 실은 지치지 않도록 관리하는 것만으로 그 몇 배의 일을 편하게 처리할 수 있다.

지치지 않는 상태를 만들어내는 가장 좋은 방법은 좋아하는 일을 좋아하는 만큼만 하는 것이다. 좋아하는 일을 할수록 인간

은 일을 하는 보람과 사는 보람, 기쁨을 느낀다. 그리고 내면에서부터 파워가 끓어오른다. 다시 말해 피곤하지 않다.

그것이 불가능해졌을 때는 외부로부터 보급을 받아야 한다.

지쳤다고 하는 것은 내면의 기운이 다 말라버렸다는 것이며 또, 외부로부터 좋은 에너지를 보급받지 못하고 있다는 것이다.

피곤을 느낄 때는 가만히 자신을 위로하는 것도 중요하다.

쓸데없는 일은 그만두어야 한다

대부분의 사람들은 꼭 해야 하는 일보다 하지 않으면 안 되는 잡일에 쫓긴다. 그로 인해 자신의 시간과 힘, 형편을 빼앗기고 만다.

그 때문에 정작 하고 싶은 일이나 자신이 하고자 하는 길로 돌아오려고 할 때는 기진맥진해 버린다. 이미 그 힘을 잃어버려서 여유가 없다.

쓸데없는 일로부터 벗어나 자신이 해야 할 일을 하는 시간과 에너지, 형편을 확보한다. 그것만으로도 인생의 질은 순식간에 좋아진다.

'어쩔 수 없이 하는 취미 생활이나 일, 만남.'

'억지로 간 회식.'

'나의 발목을 붙잡을 뿐인 피상적인 친구와의 시간.'

'혹시 뭔가를 얻을 수 있을지도 모른다는 생각에 잘하지도 못하면서 참가하고 있는 다른 업종의 교류회나 파티.'

'신경만 쓰이고 조금도 재미없는 누군가와의 차 마시는 시간.'

'부탁받아서 어쩔 수 없이 인수한 짜증나는 일.'

지금까지 이런 쓸데없는 일을 하며 보낸 시간과 수고를 한번 생각해보자.

이런 일들을 그만둠으로 당신이 심호흡할 수 있는 시간이 늘어난다. 당신이 기꺼이 다른 일에 관여할 수 있는 시간이 늘어난다. 당신이 예전부터 하고 싶었던 일을 할 수 있는 기회가 많아진다. 당신이 활기차게 일하는 순간을 되돌릴 수 있다!

쓸데없는 일로부터 벗어나 하고 싶은 일을 하며 사는 사람은 늘 빛으로 가득하다. 또한 인생도 잘 흘러간다.

수면을 취해야 한다

잠은 당신의 모든 것을 회복시켜주는 매우 중요한 것이다.

잠자지 않는 것을 자랑하는 이상한 사람이 있는데 그것은 결코 위대한 일이 아니다. 잘하는 일도 아니고 성공의 비결 또한 아니다.

수면을 취하지 않으면 능력은 터무니없이 저하된다.

예를 들어 살인적인 스케줄 때문에 장시간 잠을 잘 수 없을 때는 선잠이라도 좋으니 자신의 생활 리듬 속에서 수면을 취해야 한다. 그래야만 신체가 원활하게 활동할 수 있다.

잠이 오면 무조건 잠을 자야 한다. 그렇게 하는 편이 또한 회복도 빠르다.

수면이라고 하는 것은 강제성을 가지고 있다. 그래서 뇌가 잠자고 싶을 때는 어떻게든지 당신에게 심한 졸음을 줘서 눈을 감게 만들고 잠들게 한다.

예전 어느 텔레비전 프로그램에서 사람들이 왜 졸음운전을 하는지에 대해서 조사를 했다. 이때 졸음운전으로 사고를 일으킨 사람의 대부분이 "잠을 못 잤다."고 대답했다. 그 상태로 그날 차에 탄 것이다.

수면이라고 하는 것은 강제성을 가지고 있다고 앞서 말했듯이 사람이 핸들을 쥐고 있더라도 뇌는 안전 운전보다 우선적으로 수면을 취하게 한다.

힐링을 취해야 한다

 쾌적한 상태를 유지하고 일에 집중하기 위해서는 쌓여 있던 피곤을 능숙하게 제거하고 스트레스를 줄여야 한다. 또 위로가 필요할 때에는 필요한 만큼 받아야 한다.

 집과 사무실에 관엽식물이나 열대어를 놓거나 바로 갈 수 있는 에스테나 바로 부를 수 있는 마사지 담당자(마사지 전문점이나 혹은 전용 마사지 담당자가) 있는 것도 좋다.

 또 안정 효과가 있는 물건을 두거나 마음이 안정되는 장소에 가는 것도 좋고 위로받을 수 있는 사람과 만나는 것도 좋다.

 특별한 일이 아니라 일상적인 일과로 힐링을 받아들이면 힘든 작업 환경 속에서도 일의 진척 속도가 다르다는 것을 실감하게 될 것이다.

명상은 현실로 부터
잠시 자아를 해방시킨다

가끔은 외부로부터 오는 모든 정보나 소리, 감각으로부터 떨어져서 내면을 조용히 가라앉히는 시간이 필요하다.

성공한 사람들의 대부분은 혼자만의 시간이 갖는 가치를 안다.

명상은 시끄러운 현실로부터 잠시 자아를 해방시킨다. 심신을 되살리고 영혼의 힘을 회복시키는 최고의 수단이다.

명상을 통해 내면을 바라보다 보면 평상시에는 묻어두었던 중요한 것들이 문득 떠오르고는 한다.

어수선한 상태 속에서는 결코 생각나지 않을 법한 엄청난 것들이 갑자기 생각난다.

다음 단계로 나아가기 위해 자신을 정리하고 답답한 상황 속에서 벗어나게 한다. 번뜩이는 아이디어가 떠오르고 자신을 보다 높일 수 있는 것이 명상의 좋은 점이다.

명상을 일상 속에 도입하고 당신에게 찾아오는 보다 좋은 것들을 적극적으로 받아들여야 한다.

사랑하는 사람과의 커뮤니케이션은
모든 것을 가능하게 한다

남자든 여자든 일에만 매달리는 것은 재미가 없다.

성공한 사람들은 일만이 아니라 연애에 있어서도 파트너와의 관계가 좋다.

'영웅은 여자를 좋아한다.' 는 말이 있다. 이것은 '성공한 사람들은 바람둥이!' 라는 의미가 아니다. 열심히 일을 하고 세상에 커다란 업적을 남길 때도 사랑하는 사람과 풍족하고 행복한 시간을 가질 만큼 내면의 힘을 가지고 있다는 것이다.

즉, 여유가 있다는 것이다!

사랑하는 사람과 함께 하는 시간을 갖는 것조차 불가능하고 낑낑대며 일과 시간에 쫓기며 사는 사람이 있다. 그렇게 여유가 없는 사람에게는 다른 사람을 감동시킬 만한 큰 성공을 기대할 수 없다.

사랑하는 사람과의 커뮤니케이션은 온화함과 상냥함, 내면에

서부터 넘쳐나는 사랑의 힘을 준다. 그것은 모든 것을 가능하게
한다.

고귀한 영혼을 갖고 살아야 한다

'당신의 얼굴을 태양을 향하게 해야 한다. 그러면 그림자를 보지 않고 살리라.'

헬렌 켈러가 남긴 말이다.

헬렌 켈러는 보지 못하고 듣지 못하고 말하지 못하는 삼중고를 안고 살았다. 그러면서도 위대한 존재감과 고귀한 영혼을 가진 미국의 교육자이며 사회복지사업가로 활약한 훌륭한 인물이다.

그녀가 기적의 사람이라고 불리는 것은 그녀의 고귀한 영혼이 만들어낸 업적이다.

고귀한 영혼을 가지고 산 사람은 시대를 초월하여 온 세상에 감동의 영향력을 넓힌다.

고귀한 영혼을 갖고 살아가면 인생이 몰라보게 변한다.

어두운 것이 아닌 밝은 쪽으로,

싫은 것이 아닌 기쁘게 생각하는 쪽으로,

싸우는 것이 아닌 조화하는 쪽으로,

원망하는 것이 아닌 사랑하는 쪽으로 말이다.

고귀한 영혼으로 산다는 것은 본래 인간이라면 누구나 가지고 있는 자신의 내면에서 자신이 존중하는 것을 택하여 살아가는 것이다.

희망을 잃어서는 안 된다

싫은 일이 생겼다, 슬픈 일이 있었다, 힘든 일이 있었다고 해서 침울해하기 시작하면 끝이 없다.

자신을 케어하고 좋은 쪽으로 회복할 줄 아는 사람은 이미 일어난 일에 언제까지나 고집만 피우고 있지 않는다. 어떻게든 빨리 일어서려고 한다. 비록 울고 있을지라도 그곳에서부터 부활할 것을 생각한다.

울어도 괜찮다. 그러나 희망을 잃어서는 안 된다.

여기서 만회할 수 있는 일은 얼마든지 있다는 것을 알면 다시 한번 원래의 자리로 돌아올 수 있다. 다시 진정한 자신을 빛낼 수 있다.

당신이 행복하다고 느끼거나 불행하다고 느끼는 감각은 당신의 감정과 관련되어 있다. 이것을 잊어서는 안 된다.

대부분의 사람들은 자신을 힘들게 하는 일로부터 다시 일어서지 못할 때 '그 일 때문에 이렇게 불행해진 거야.'라고 생각한다. 그러나 실은 그 일이 일어났기 때문이 아니다. 그것은 '그 일을 어떻게 받아들였는가.'와 관계가 있다.

당신이 그 일을 기분 좋게 받아들이고 기쁘고 두근거려 한다면 당신의 감정 에너지는 보다 좋은 방향으로 up되고 당신을 끌어올려 준다.

반대로 당신이 그 일을 불쾌하게 받아들이고 슬프고 힘들다고 느꼈을 때는 침울해지고 슬픔에 빠지게 된다. 당신의 감정 에너지도 하강하며 당신을 끌어내린다.

감정에 흔들리기 시작하면 평상시의 감각을 잃어버리게 된다. 동시에 본래의 재능과 힘마저도 잘 발휘하지 못한다.

성공하는 사람은 이러한 자신의 감정을 좋은 상태를 유지하도록 능숙하게 컨트롤 한다.

이를 테면, '이렇게 우울해 하고만 있으면 안 돼!'라며 자신을 설득하여 빠르고 적극적으로 기분을 전환시킨다.

언제나 위를 바라보아야 한다

성공하는 사람들은 새로운 것을 배우기 위해 늘 자신보다 위에 있는 사람들을 바라본다.

그들을 통해 일처리 방법이나 높은 정신력 등을 배운다.

그래서 자신보다 먼저 성공한 사람이나 자신보다 큰 성공을 한 선배, 그 분야의 프로나 자신이 존경하는 사람, 도저히 이길 수 없을 것 같은 감동을 주는 사람들의 의견을 솔직하게 듣는 것을 좋아한다. 그 사람의 어드바이스를 기꺼이 받아들이고 그 방식에 주목한다.

자신이 목표로 하는 사람을 바라보는 것을 좋아한다.

그리고 '나도 이렇게 있을 수는 없어, 힘을 내야지!' 라고 생각하며 자신보다 위에 있는 사람을 보며 분발하고 자신도 그 위로 오르기 위해 노력한다.

절대로 현 상태에 만족해서는 안 된다.

반대로 성공하지 못하면 늘 자신보다 밑에 있는 사람들에게 눈을 돌린다.

'저 녀석이 실패해서 다행이야.', '저 녀석은 여기까지 오려면 한참 멀었군.' 이라는 식으로 말이다.

그리고는 자신보다 더 높은 곳에 있는 사람들을 잊은 채 자신이 늘 가장 위에 있다고 착각한다.

그래서 좀처럼 그 이상으로 오르지 못하는 것이다.

시작하면
돈은 따라오게 되어 있다

　성공하고 싶다고 말하면서도 좀처럼 그 일에 착수하지 않는 사람은 '충분한 돈이 없어서' 그 일이 불가능하다고 말한다.

　그러나 사실은 움직일 마음이 없는 사람은 충분한 돈이 있어도 불가능한 이유를 먼저 찾는다.

　그 일에 착수하지 못하는 것은 돈이 부족해서가 아니다. '이 일에 모든 걸 걸어보자!' 라고 하는 의지가 부족해서이다.

　우선 시작하면 돈은 따라오게 되어 있다.

　그런데도 불구하고 대부분의 사람들은 돈이 없을 때 '어떻게 돈을 마련하지.' 하고 걱정하며 불안해한다. 하지만 어디서든지 돈을 손에 넣을 수 있는 사람은 아무리 궁핍할 때에도 돈을 마련할 생각을 하지 않는다. 그런 사람은 걱정이 아니라 '어디서 돈이 들어올까?' 하며 돈을 수중에 넣을 생각을 한다. 즉, 돈이 없을 때 걱정하는 사람은 언뜻 보면 해결하기 위해 궁리하는 것처

럼 보이지만 실은 해결은커녕 더 큰 결핍감만 느끼게 된다. 한
편, 걱정하지 않는 사람은 재빨리 돈을 굴려서 자신의 수중에 넣
는다.

A habit of success 3-4

자신이 투자한 것은
반드시 자신에게 돌아온다

자신에게 투자하는 사람은 반드시 스스로 보물을 만들어내어 그것을 부로 바꿔간다.

아무것도 보이지 않는 상태에서도 자신에게 투자하는 것 자체에 가치를 느낀다.

반대로 자기 자신에게 돈을 투자하지 않는 사람은 자신에게 그만큼의 가치가 없다고 여긴다.

미국의 한 베스트셀러 작가는 신참 작가였을 때, 먹는 것도 뜻대로 되지 않을 만큼 가난했었다. 그는 돈을 더 벌기 위해서 좋은 직업을 찾으려고 몸부림을 치고 있었다.

그가 가지고 있던 타자기는 이미 오래된 것이었다. 사용하기에 불편하여 작업이 되지 않을 정도였다.

그러던 어느 날, 그는 새로운 타자기 광고를 보게 되었다.

그것은 수중에 있던 돈으로는 결코 살 수 없는 고가의 물건이었다.

그는 처음에 '저런 최신형 타자기가 있으면 쓰고 싶은 소설을 실컷 쓸 수 있을 텐데. 하지만 이런 고가의 타자기는 내가 가져봤자 내 신분에는 어울리지 않아.' 라고 생각하고 포기하려 했다.

그런데 길을 걷고 있을 때나 저녁에 침대에 누워 있을 때에도 광고에서 본 그 타자기를 잊을 수 없었다. 머릿속에서는 이미 그 타자기로 신나게 글을 쓰는 자신의 모습이 보였다.

'이렇게 가난한 나에게 그 타자기는 정말 필요한 것일까? 사치겠지?' 라며 현재 자신의 적은 수입과 비교해 보았다.

그런데 어느 순간, '역시 그 타자기가 갖고 싶다.' 는 생각이 강하게 들었다.

그는 돈을 모으기 시작했다. 모자라는 금액은 친구에게 빌려서 겨우 그 돈을 손에 넣게 되었다. 그리고 타자기를 사용하기 시작하자마자 '나는 이것을 갖기에 충분한 사람이다.' 는 것을 느끼며 즐겁게 글을 써 내려갔다.

그러자 바로 책을 써달라는 의뢰가 들어왔다.

그 타자기로 완성한 최초의 책은 금세 베스트셀러가 되었다. 타자기에 투자한 돈을 훨씬 웃도는 거대한 부를 얻게 되었다.

그가 '그 타자기를 가질 만한 자격이 있는 사람' 이라고 생각한 순간, 그 가치에 걸맞은 사람이 되었다.

자신이 투자한 것은 반드시 자신에게 돌아온다. 이것이 부의 법칙이다.

성공한 사람들과 어울려야 한다

성공해서 부자가 된 사람들은 인생이 잘 풀리고 부자가 되거나 성공한 사람들같이 현실에서 승자가 된 사람들 곁에 있고 싶어 한다.

왜냐하면 그것은 매우 기분 좋고 가슴을 설레게 하며 나도 그렇게 성공할 수 있을 것 같은 느낌을 주기 때문이다. 실제로도 그 마음에 감화되어 성공하는 것을 실감할 수 있다.

하지만 성공이나 돈과는 연이 없는 사람은 인생에 승리한 사람들 곁에 있는 것을 불편하게 느낀다. 그래서 멀어지려고 한다.

왜냐하면, 그들의 마음속에 부정적이고 어두운 생각이 승리한 사람들의 빛을 정면으로 보지 못하게 하기 때문이다.

자존심에 상처를 받지 않도록 성공한 사람들과 부자, 승리한 사람들을 비판하고 나쁘게 말한다. 그것으로 어떻게든 자신을 보호한다.

그러나 승리한 사람도 그렇지 않은 사람도 모두 똑같은 인간이다. '원하면 나도 저렇게 될 수 있다.'고 하는 마음먹기에 달렸다. 이것을 아는 사람은 그 시점부터 자신도 성공과 돈, 승리를 손에 넣을 수 있다.

아직 성공하지 못한 자신을 그들보다 뒤떨어진다고 간주하거나 더 이상 있을 가치가 없다고 여길 필요는 없다.

당신도 더욱 쉽고 확실하게 승리를 실현할 수 있는 방법을 알게 되는 날이 올 것이다!

기쁘게 사용된 돈은
다시 돌아온다

좋은 소비를 하는 사람은 분명 현명하게 돈을 모을 줄도 안다.

좋은 소비란 어떤 것일까?

그것을 알기 위해서 먼저 당신이 물건을 사거나 지갑에서 돈을 꺼낼 때의 감정이나 내면의 감각을 살펴본다.

그때, 싫은 기분이나 떳떳하지 못한 기분이 드는지, 만족하고 있는지, 기뻐하고 있는지를 체크한다.

만약 당신이 어떤 일로 돈을 쓰거나 돈을 지갑에서 꺼낼 때마다 왠지 불쾌한 감정이 든다면 그것은 좋은 소비라고 할 수 없다.

거기에는 돈에 대한 부정적인 감각이 들어가 있다.

반대로 돈을 쓸 때, 기쁘고 손에 넣은 기쁨과 만족감에 빠져 돈에 대해 일절 신경 쓰지 않을 때는 좋은 소비를 한 것이다. 기쁘게 사용된 돈은 다시 당신에게 돌아온다. 다시 한번 기쁘게 사용되기 위해서 말이다.

자신이 할 수 있는 일을
열심히 하면 된다

예전에 이런 사람이 있었다.

"저는 체육관을 경영하고 있습니다. 그런데 우리 체육관 바로 옆에 큰 체육관이 또 하나 생겼습니다. 거기는 자기네 체육관의 기술이나 설비가 가장 좋다는 식으로 선전을 했습니다. 그런데 실제로도 엄청난 설비를 마련해두었고 화려하게 만든 전단지를 뿌려서 많은 손님들을 모으고 있습니다. 제가 경영하는 작은 체육관으로서는 영업방해와 마찬가지니 화가 날 뿐입니다." 하고 말했다.

"우리 체육관은 그곳보다 설비도 되어 있지 않고 넓지도 않지만 "양심적"으로 하는 것을 모토로 하고 있습니다. 요금도 저렴합니다. 그런데 저렇게 큰 자금력을 가지고 대대적으로 선전하는 것은 참을 수 없습니다. 그 사람과 어떻게 싸우면 될까요?"라며 물었다.

이것은 이상한 질문이다. 싸울 필요가 없기 때문이다.

다른 사람이 어떤 장사를 하든, 어디서 어떤 방법으로 하든지 그 사람은 그 사람이다.

자신은 자신이 할 수 있는 일을 열심히 하면 된다.

할 수 있는 일을 열심히 하지 않기 때문에 다른 사람이 하는 일에 신경이 쓰이고 '저 사람만 득을 보다니 안 된다.', '저 가게만 잘되다니 용서할 수 없어.'라는 생각을 하는 것이다.

그 큰 체육관을 만든 사람은 설비를 갖추기 위해서 투자했다. 설비가 하나밖에 없는 지점과 비교하면 설비를 10개 갖춘 지점은 그보다 10배를 더 투자하고 있는 것이다.

이러한 투자 방법과 고객을 모으는 방법이 나름대로 잘되고 또한 수요도 있기 때문에 그 결과로 사람들이 몰려든다.

그 큰 체육관의 경영인은 그 체육관 나름대로 필요한 노력을 하고 있을 뿐이다.

특별히 다른 사람을 밀어내려고 경영을 하는 사람은 없다. '자기네 가게보다 돈을 잘 버는 사람이 나타나면 내가 불쌍해.'라고 생각하는 것은 이상한 사고방식이다.

사람이 무엇을 하든지 있는 힘껏 자신의 힘을 쏟아 부으면, 그도 자신 나름대로 풍족해질 수 있다.

'저 사람이 돈을 잘 벌어서 화가 난다.'고 하는 속 좁은 생각이나 하고 있으니까 언제나 그 모양 그 꼴인 것이다.

다른 사람이 돈을 번다고 해도 당신의 손익과는 관계가 없다.

모두가 돈을 잘 버는 것은 좋은 일이다. 모두가 풍족해지면 좋다.

그런데 그것을 '오직 나만!' 이라고 생각하니까 이상한 생각이 나 하게 되는 것이다.

장사를 성공시키거나 돈이 점점 굴러들어오길 바란다면 다른 사람과 비교하며 화를 내는 것이 아니라 자신의 힘을 쏟아 부어서 미소 짓기를 바란다.

돈은 인연이 가져다준다

'돈은 인연이 가져다준다.' 라고 하는 말이 있듯이 사람이 없으면 돈도 없다.

그러므로 큰돈을 얻고 싶다면 큰 사람에게 호감을 사야 한다.

또 많은 사람들에게 호감을 살 필요가 있다.

예를 들면, 번영하고 있는 회사는 많은 거래처와 사람들에게 호감을 얻은 곳이다.

우선 호감을 얻지 못하면 절대 그 회사나 담당자와 거래할 수 없다. 호감을 얻지 못하면 개인이라도 그 사람과 일을 할 수 없다.

일은 누구에게나 이익을 가져다줘야 하기 때문에 호감이 없으면 사람들은 거기에 인연도, 돈도 굴릴 수 없다고 생각한다. 이것이 사람들의 잠재의식의 법칙이다.

그러므로 사람에게 호감을 살 만한 기회가 늘어나면 풍족한 결과는 저절로 늘어나기 시작한다.

돈이 없다는
핑계를 대서는 안 된다

예를 들면, 수중에 돈이 없을 때 약속이 생기거나 외출을 해야 하는 등의 교제가 필요할 때가 있다. 그때, '돈이 없어서 못 나가.'라며 '돈이 없다'는 핑계로 거절하지 않도록 해야 한다.

돈이 없다고 하는 말로 약속을 거절하면 상대방은 당신이 비참해하고 있다고 느껴 더 이상 불러내지 않게 된다. 당신에 대한 부정적인 인상은 돈과 인연이 있는 성공한 사람들과의 관계를 소원하게 만든다. 그것뿐일까, 돈이 없어서 어떻게 할 수 없는 다른 현상들마저 불러일으킨다.

어쩔 수 없이 거절할 때는 '공교롭게도 그날은 선약이 있어요. 다음에 꼭 만나요.'라는 말로 밝고 명쾌하게 넘어간다.

돈이 없다는 이유로 약속을 거절한 사람은 마음속 어딘가에 '그것을 이루지 못한 것은 돈 때문이다!'라고 하는 돈에 대한 원망이 생긴다. 그것은 결코 금전운에 좋지 않다.

5장

'행운의 힘'을
붙잡는
방법

어떠한 일이라도 긍정적으로 생각하는 습관이

행복지수를 UP시킨다

행운의 물건이 지닌 효력

돈의 유통이 좋은 사람이나 사업이 순조롭게 성공하고 있는 사람, 무슨 일을 해도 잘 풀리는 사람들에게 '성공의 비결을 가르쳐 주십시오.' 하고 물어보면 가끔씩 이렇게 귀여운 것을 가르쳐 준다.

'실은 이 행운의 지갑을 갖고부터 돈이 들어옵니다.'
'이 요술방망이 키홀더를 받고 나서부터 돈이 붙습니다.'
'굵은 소금을 사무실에 두었더니 운이 좋아진 거 같아요!'

그들은 터무니없을 정도로 큰 부자이면서 귀여운 행운의 물건을 반드시 한두 개 가지고 다니는 것이다. 그리고 그 일을 어린아이처럼 기쁜 듯이 이야기하곤 한다.

물론 스스로 엄청난 노력을 한 것은 당연하다. 그래도 '잠시

이것의 힘을 빌리자!' 라며 마음을 들뜨게 하는 행운의 물건을 가지고 다니며 그 효력을 믿는다. 그리고 실제로도 그 덕분이라고 받아들인다.

이런 모습을 보고 있으면 결국 성공하는 사람이란 사소한 일에도 마음의 힘을 크게 얻을 줄 아는 사람이란 생각이 든다.

행운의 물건을 가짐으로 위로가 되는 계기가 생겨나는 것만큼 즐거운 성공 서포터는 없을 것이다.

자연의 사이클을
무시하면 안 된다

일을 잘 추진하는 사람이나 효과적으로 하는 사람, 공을 세우는 사람들은 그 상황이 썰물 때인지 밀물 때인지를 잘 안다. 그리고 그 일의 자연스런 흐름에 어떻게 타면 되는지를 터득하고 있다.

예를 들어 사람이나 일, 돈이 당신을 향해 끊임없이 몰려오고 있을 때는 운이 넘치는 상태이다. 그때 운세는 밀물처럼 당신에게 풍족함을 가져다준다.

이러한 때는 관련된 모든 것들이 좋은 흐름을 타고 이동하며 높은 보수와 풍족함으로 이어진다. 따라서 적극적으로 행동할수록 더욱 좋은 상태가 만들어진다.

반대로 당신에게서 사람들이 멀어지거나 떠나가고 무언가를 빼앗기거나 취소되는 일이 계속해서 일어나는 때는, 바로 썰물의 상태이다. 일단 모든 일이 조용해져버린다.

이러한 때에는 아무리 일을 밀어붙이려 하고 발버둥 쳐도 좀 처럼 일이 추진되지 않고 움직이지 않는다. 일의 형태가 잡히지 않는다.

이 시기에는 다음 밀물을 맞이하기 위한 준비를 한다. 준비를 잘하면 다음에 오는 것들을 얻을 수 있다.

썰물은 나쁜 일들이 일어나는 상태가 아니다.

그것은 뭔지 모를 사이클이 하나 완결되어 다시 새로운 사이클을 만들고 운기를 기르기 위한 행운의 징조이다.

발버둥 치지 말고 있는 그대로 그것을 받아들여야 한다. 그러면 호전과 비약이 빠르게 몰려오고 다음 밀물을 실컷 탈 수 있게 된다.

이 자연의 사이클을 무시하면 잘 풀릴 일도 안 되게 된다.

성공한 사람은 잘 풀릴 일은 잘 건져 올리고, 허사가 될 것 같은 일은 그것대로 의미 있는 자연스런 일로 받아들인다. 그리고 그다음 일에 매진한다.

사태가 멈춰도
당황해서는 안 된다

일이 정체되거나 취소되는 것은 당신을 위해서 신이 주신 시간 조정, 리허설의 시간이다.

아무 일도 하지 않으면 멈춰지는 일도 없을 것이다.

의미가 있어서 멈춰진 일을 억지로 이렇게 저렇게 하려고 하는 것은 오히려 좋지 않다.

눈에 보이지 않는 힘이 일부러 당신의 발을 붙잡고 방해하는 일은 결코 없다.

정체될 때는 '나를 위해 좋은 흐름을 만들려고 신이 무언가 순서를 바꿔주고 있는 거구나. 와~ 이렇게 고마울 수가!' 라며 감사하고 신뢰하며 사태가 호전되는 것을 기다려야 한다.

그러면 머지않아 무리해서 진행했던 때보다도 더욱 좋은 전개로 길이 열린다. 기쁘고 특별한 사건이 준비되어 있는 것에 놀라게 될 것이다.

이 일이 안 되면
'자, 다음에'라는 마음을 가져야 한다

어떤 일이 틀어진 것을 분해하거나 안타까워할 필요가 없다.

일이 틀어졌을 때 당신은 '좋지 않은 징조야.' 라고 생각할지도 모르겠다. 하지만 그렇지 않다. 그 일이 틀어진 것은 당신이나 당신이 처한 상황에 있어 그 일을 하는 것이 좋지 않았기 때문이다. 그대로 당신이 척척 진행해도 괜찮은 일이였다면 신은 당신에게 그 일을 쏙쏙 주었을 것이다.

'이 일이 안 되면 자, 다음!' 이라며 말끔히 정리하고 빨리 단념하면 좋은 운이 다시 돌아온다!

보이지 않는 신에게
감사의 말을 한다

인생이 잘 풀린 사람들은 눈에 보이지 않는 세계나 신이라고 하는 존재에 대해 다른 사람과 "있다, 없다."로 논쟁하지 않는다. 언제나 '있는 게 당연하지!', '신은 있어!' 라고 확신한다.

그래서 평범하게 이야기를 한다.

'하느님, 행복해지겠습니다. 지켜봐 주세요.'

'이번 일은 반드시 성공시킬 테니까 지켜주세요.'

그리고 일을 마치면 '하느님, 들어주셔서 감사합니다. 늘 이렇게 행운을 주신 것, 감사합니다!' 라며 제대로 감사의 말을 한다.

그렇게 늘 마음속으로 이어져 있어서 우주의 절대적인 힘으로부터 보호받는다.

신이 꼭 들어주었으면 하는 일이나 이루고 싶은 일이 있다면 신에게 전화를 한다.

너무나 막연해서 신이 어디에 있으며 어떻게 말을 걸면 좋을지 모르는 사람은 자신의 휴대폰에 전화를 건다. 그리고 음성사서함에 전언을 남긴다.

그때, 무언가를 간청하거나 비장하게 바라는 바를 말하는 것이 아니라 진술하는 것처럼 '○○하겠습니다.', '○○가 되겠습니다.'라며 선언하듯이 말한다.

그리고 '늘 들어주셔서 감사합니다.'라고 말하고 전화를 끊는다.

그 음성사서함 속에 들어 있는 메시지는 당신의 소원의 주파수가 되어 우주에 도착할 것이다. 그리고 언젠가 이루어지게 될 것이다.

음성사서함에 녹음한 메시지는 바로 지워도 괜찮다.

무의식의 영역에서는 모든 것이 순간적으로 이루어지니까 말이다.

잘 풀리지 않는 일도 받아들여야 한다

'일이 잘 안 풀리는 것=좋지 않은 일, 불행한 일'이 아니다. 일이 잘 안 풀리는 것은 '방식이 틀렸어.', '그 방향이 아니야.', '다른 방법이 있어.', '이쪽이 훨씬 낫다.'라는 것을 당신에게 알려주기 위해서 우주로부터 날아온 사인이다.

뭔가 일이 잘 안 풀릴 때, 그 일로부터 무언가를 크게 배우거나 성장하는 기회를 만나게 된다.

성공하는 사람은 일이 잘 안 풀려도 '그것도 역시 받아들여야 하는 것'이라며 있는 그대로를 받아들인다. 그리고 그 체험으로부터 새로운 것을 배우고 그 일의 의미를 찾으려고 한다.

일이 잘 안 풀리는 것도 받아들일 수 있는 자신이 되었을 때, 어떠한 일이라도 두려움 없이 더욱 크게 성공시킬 수 있게 된다.

우주로부터
에너지를 받아야 한다

자력만으로 그 일을 하기에는 한계가 있기 마련이다.

가끔은 계속해서 노력할 기운도, 에너지도 없어지고는 한다.

그런 때에는 살아 있는 우주로부터 부활을 위한 에너지를 받도록 한다.

공기가 맑은 장소에서 심호흡을 하거나 찬란히 빛나는 눈부신 햇살을 받는다. 수려한 자연경치를 바라보거나 풀숲에 드러누워 푸르른 하늘을 올려다본다. 아름다운 바다에서 수영을 하거나 달의 온화한 빛을 사랑한다. 거기에는 당신을 부활시키고 위로해주는 위대한 에너지가 있다.

감동을 느끼고 눈물이 뺨을 타고 흐르는 것은 우주의 에너지가 당신의 마음속에 이르렀다는 증거이다.

감사한 마음을 갖고 다시 한번 내일부터의 인생을 걷기 시작해야 한다.

모든 일은
믿는 대로 되어지기 마련이다

다른 누군가가 자신보다 잘 나가는 것처럼 보이거나 나 이외의 사람들이 모두 행운을 갖고 있는 것처럼 보여도 누군가를 부러워하고 질투하거나 침울해할 필요가 없다.

우주는 언제나 당신을 사랑하고 당신만의 특별한 행운도 준비해두고 있기 때문이다.

당신이 받게 될 행복을 지금 당장 받아들이겠다고 결심하길 바란다.

자신에게 온갖 좋은 일들이 찾아올 것이라고 믿는다.

모든 일은 믿는 대로 되어지기 마련이다. 다 '괜찮아.'라고 생각해야 한다.

'괜찮아!'는 마법의 언어이다.

'걱정할 필요 없어. 이제 괜찮아!'

'괜찮아! 그 일은 잘될 거야!'

성공한 사람은 이런 말을 자기 자신에게도 물론이고 다른 사람에게도 즐겨 말한다.

이 말은 앞이 보이지 않는 상황 속에 정체되어 있을 때 우리에게 희망을 주고 우리를 안심시키는 말이다.

우선 자신의 말로 자신에게 '괜찮아!' 라고 말해본다.

그것이 좋아하는 사람과의 관계여도 괜찮고 일에 관련된 것이나 뭔가 꿈을 이루는 일이라 해도 괜찮다.

잘하고 싶지만 왠지 일이 잘 안 풀리고 생각한 대로 되지 않을 때는 자신이 해야 할 일을 한다. 그리고 심플하게 자신의 힘을 쏟으며 '괜찮아, 꼭 잘될 거야!' 라고 말한다.

그러면 왠지 매우 온화하고 조용한 기운에 둘러싸이는 것을 느끼게 될 것이다.

'괜찮아. 꼭 할 수 있어. 괜찮아, 이 일은 잘될 거야!' 라고 자신에게 말하면 그 시점에서부터 우리는 매우 안심하게 된다.

자신에게 곤란한 일이 생기거나 불안해질 때에는 '괜찮아!' 라며 말해보길 바란다.

그 마법의 언어는 분명 당신을 멋진 방향으로 이끌어줄 것이다!

기적의 문이 열리는 감사한 일

'감사하는 마음이 클수록 거기에 정비례하게 행복지수가 높아진다.'

사람은 자신에게 복이 주어지지 않았다고 느끼거나 다른 사람들이 나보다 더 행복해 보이는 모습을 봤을 때, 운명을 비관하거나 신에게 불평을 한다. 모든 것이 싫어지기도 한다.

하지만 정말로 그런 것일까?

그럴 때는 손가락으로 세어보길 바란다.

우주가 당신을 사랑하고 있다는 사소한 사인들과 당신을 확실하게 지켜주고 있었던 사건들을 말이다.

아무리 사소한 일이라도 좋으니 생각해보길 바란다. 세어볼수록 감사한 마음으로 가슴이 벅차올라 눈물이 넘쳐흐를 것이다.

좋은 일도, 기쁜 일도, 즐거운 일도 세어보면 가득하다는 것을 알 수 있다.

혹시라도 아픈 일이나 힘든 일, 슬픈 일이 더 많았을 수도 있다. 하지만 오늘을 살면서 이 책을 손에 들고 있는 일이나 좀 더 나은 인생과 더욱 성공한 인생, 좀 더 행복한 인생을 생각할 수 있는 것은 지금까지 걸어왔던 그 힘든 길들 덕분이다.

감사한 일이다.

모든 것은 당신의 인생을 좋은 방향으로 이끌어주기 위해서 있었던 것이다. 또 보다 좋게 빛나게 하기 위해서이다. '감사한 일들을 세어보는 것'으로 당신의 마음속에 감사한 마음들이 충만해진다. 커다란 공덕의 힘이 쏟아지고 기적의 문이 열린다.

감사합니다. 감사합니다. 감사합니다.

이토록, 이토록, 이토록 나를 지켜주어서 정말로 고맙습니다. 감사합니다.

인간에게 최대의 행복을 가져다주는 '사랑'

　톨스토이의 명언에 '인간에게 최대의 행복을 가져다주는 감정을 모든 인간은 알고 있다. 그것은 바로 〈사랑〉이다.' 라는 말이 있다.

　많은 사람들은 그것을 알고 있으면서도 그것을 어떻게 살리면 좋을지를 모른다.

　다른 사람과의 관계나 상황 속에서 고군분투한다.

　하지만 사랑은 본래 사람에서 사람에게 확실히 전달해야 하는 것이다.

　표정을 상냥하게 짓고,

　사랑스러운 마음으로 상대를 바라보고,

　다정한 말투를 쓰고,

　많은 위로를 해주고,

　가만히 손을 잡아주고,

상대방을 꽉 안아주고,

그 사람이 있는 곳으로 달려가는 것,

자신의 시간을 나눠 갖는 것 같은 사소한 것들을 통해서도 모든 사랑은 전해진다.

사랑을 전해준 사람이나 받은 사람이 아무 말을 하지 않아도 마음 깊은 곳이 뜨거워진다. 그리고 그 안에서 존중하는 마음이 자라기 시작한다.

모든 사람에게, 모든 장면에서, 사랑을 떠올리며 사랑을 전할 수 있게 된다면 그것이 진정한 성공이며 행복한 인생이다.

맺음말

만약 지금의 생활에 불만이 있다면 아무쪼록 지금 여기에 살아 있다는 것, 소박하지만 이 생활을 꾸려나갈 수 있다는 것, 그리고 뭐니 뭐니 해도 평화롭고 안전한 이 나라에 살고 있다는 것을 떠올리고 감사하는 마음을 갖길 바란다.

그럼 당신이 누리고 있는 풍요로움에 고마움을 느끼게 될 것이다.

예를 들어 아무리 '가진 게 없다'고 해도 당신의 방에는 추운 겨울날을 따뜻하게 지낼 수 있는 보일러가 있을 것이고, 더운 여름, 방을 시원하게 해줄 선풍기나 에어컨이 있을 것이다. 자기 방에서 편하게 지낼 수 있는 것, 이 또한 정말 감사할 만한 일이다. 이것이 풍요가 아니고 무엇일까?

하루 세 끼 밥을 먹을 수 있는 것에 감사하자. 그것도 일종의 풍요로움이다.

물론 지금 생활에 불만을 가질 수도 있다. 하지만 이 생활을 영위할 수 있는 것만으로도 풍요로운 것이며, 감사할 만한 일이다.

우선 지금의 생활에 감사하자. 그것만으로도 마음이 풍요로워지고 '모든 것은 여기에 있다.'는 충만함을 느낄 수 있을 것이다.

만족할 만한 것이 아무것도 없다고 해도 지금 당신에게는 건강한 육체와 사고를 할 수 있는 두뇌가 있다. 그리고 무엇이든 느낄 수 있는 마음이 있다. 우선 지금 가진 것에 감사하고 내가 가진 풍요로움을 깨닫자. 그럼 세상을 바라보는 눈이 달라질 것이다. 물론 대하는 자세도 달라질 것이다.

이루고 싶은 꿈에 솔직해져서 모든 것을 완수하자

누구나 처음에는 자신이 상상한 길을 '믿으면 갈 수 있다.'는 생각을 갖고 꿈을 향해 스타트한다. 뜨거운 열정을 가지고 말이다.

하지만 그렇다고 해도 좀처럼 생각한 목표에 이르지 못하거나 반대하는 사람이 나타나고 도중에 자기 자신이 불안해지면, 대부분의 사람들은 다음과 같이 말한다.

'혹시 내가 하고 있는 일이 잘못된 것은 아닐까?'

'나는 의미가 없는 일을 하고 있는 것은 아닐까?'

'꿈이 이루어진다는 것은 착각하고 있었던 나의 망상인 것인가?'

'한창 좋을 나이에 허튼 일을 하고 있는 건 아닐까?'

'세상이 비웃을 일을 하고 있는 건 아닐까?'

이렇듯 망설이고 마음이 흔들리고는 한다.

처음에는 뜨거운 열정을 갖고 꿈의 길을 간다. 다다르고 싶은 장소에 골인하기 위해 움직인다. 그러나 도중에 이런저런 생각이나 불안, 잡념이 발생하고 장해물처럼 보이는 사건을 접하게 되면 그것을 포기하고 싶어 한다.

하지만 그것은 아직 보지 못한 것에 대한 두려움이거나 확신이 없을 뿐이다. 결코 그 일이 끝나버린 것이 아니다. 확실히 골인하는 사람은 도중경과에서 무슨 일이 있어도 그저 처음의 생각에 신념을 가지고 모든 것을 뛰어넘는다.

'무슨 일이 있어도 그 일을 꼭 해내고 말겠어.'

'무슨 일이 있어도 그곳에 도달하겠어!'

'반드시 골인한다!'

'성공해서 큰 사람이 될 거야!'

이런 신념에 따라 약해지는 마음을 몇 번이라도 다시 되돌리는 것이다.

이러한 '자신의 마음을 스스로 몇 번이라도 고쳐 세울 수 있는 사람'이 결국 원하던 성공과 부를 손에 넣는다.

성공을 확실히 실현하고 싶다면 마음을 다잡고 믿고 있는 일에 돌진한다. 그리고 그 꿈을 이룰 때까지 그만두지 않는다.

당신이 마음속으로부터 정말로 사랑하는 길을 선택했다면 그것은 결코 힘든 일이나 어려운 일이 없을 것이다.

성공을 부르는
사소한 습관

●

개정판 1쇄 발행 ‖ 2019년 6월 5일

●

지은이 ‖ 요시카와 나미
옮긴이 ‖ 강성욱
편역자 ‖ 장운갑
펴낸이 ‖ 김규현
펴낸곳 ‖ 경성라인
주 소 ‖ 경기도 고양시 일산동구 백석2동 1456-5
전 화 ‖ 031) 907-9702 FAX ‖ 031) 907-9703
E-mail ‖ kyungsungline@hanmail.net
등 록 ‖ 1994년 1월 15일(제311-1994-000002호)

●

ISBN ‖ 978-89-5564-175-2 (03320)